Christian Teubner

Pizza- und Pasta-Variationen

So schmeckt's noch besser...

Christian Teubner

Pizza und Pasta Variationen

Ein besonderes Bildkochbuch mit reizvollen Rezepten

Gräfe und Unzer

Inhalt

Inhalt

Ein Wort zuvor

Mit diesem Bildkochbuch ist's vergnüglich und unkompliziert, die köstlichsten Pizzen und Pasta-Gerichte zuzubereiten. Hier sind die besten Rezepte, die ich kenne, versammelt und alles gelingt garantiert. Die Farbfotos sind nicht nur ein optischer Genuß, sondern zeigen auch, wie garniert und angerichtet werden kann.
Ich muß gestehen: noch nie hat mir Arbeit soviel Spaß gemacht wie bei diesem Pizza- und Pasta-Buch. Zugegeben, ich bin ein Pasta-Fan, überhaupt ein Verehrer der italienischen Küche. Es war daher für mich geradezu ein Idealfall, an diesem Thema arbeiten zu können. Es ist zwar kaum noch notwendig, die italienische Küche zu preisen, denn ihre zahlreichen Anhänger wissen mittlerweile, wie gut auch zu Hause schmeckt, was im Urlaub so köstlich war. Ich hoffe aber, daß jeder, der die vorliegenden Rezepte nachkocht und probiert, sagen kann: So schmeckt's noch besser.
Sicher, viele Pasta-Gerichte und auch viele Pizzen sind ganz einfach und teilweise auch schnell zuzubereiten. Aber die einfachsten Speisen sind nur dann die besten, wenn sie mit frischen Zutaten erster Qualität und mit Liebe zubereitet werden.
Das beginnt mit den Nudeln, die man unbedingt einmal selbst machen sollte. Hat man einmal im Vergleich zu den industriell hergestellten Sorten die geschmackliche Überlegenheit der hausgemachten Nudeln festgestellt, so nimmt man fortan den kleinen Arbeitsaufwand für die Teigzubereitung sicher gerne in Kauf.
Damit alle, die Teigwaren einmal selbst herstellen wollen, wirklich überhaupt keine Schwierigkeiten damit haben, wird sowohl die Zubereitung des Teiges als auch das richtige Falten und Schneiden in anschaulichen Schritt-für-Schritt-Fotos gezeigt. Wenn man die Zeit nicht hat, die Nudeln selbst zu machen und Fertigprodukte wählen muß, so kaufe man auch hier nur das Beste vom Besten. Inzwischen werden viele verschiedene Sorten in hervorragender Qualität angeboten. Natürlich macht auch die Wahl der Zutaten und die Zubereitung der Saucen mit ihren zahllosen Varianten viel Freude. Anregungen dafür finden Sie in diesem Buch in Hülle und Fülle.
Das Buch beginnt mit den meiner Meinung nach schönsten Pizza-Rezepten, bringt dann viele Spaghetti-Variationen und Rezepte für hausgemachte Nudeln, sogar Vollkornnudeln. Dann gibt es viele Ideen für überbackene Nudeln, zu denen die Lasagne und die Cannelloni gehören, und nicht zuletzt noch solche für gefüllte Nudeln wie Ravioli und Tortelloni. Letztere gibt es zwar in guter Qualität fertig zu kaufen, wer aber einmal diese köstlichen Teigtäschchen vom Nudelteig angefangen bis zur Füllung selbst zubereitet hat, wird sich diesen Geschmacksgenuß sicher immer wieder gönnen wollen.
Dann folgen die besten Salate, die sich aus Nudeln zubereiten lassen und Rezepte für Gnocchi, die italienischen Nockerln. Zuletzt erfahren Sie einiges über die wichtigsten italienischen Käsesorten, denn ohne Käse, stets frisch gerieben, ist ein Pasta-Gericht oder eine Pizza schier undenkbar – wobei auch hier wieder die Ausnahme die Regel bestätigt. Angenehm zu wissen, daß man alle Zutaten inzwischen bei uns fast überall zu kaufen bekommt.
Die angegebenen Garzeiten können sicher gelegentlich unterschritten werden. Aber auch bei der Zubereitung sollte man es machen wie die italienischen Hausfrauen, die sich nicht nur viel Zeit lassen für das Auswählen der Zutaten, sondern auch für das Zubereiten der Mahlzeiten.
Ich hoffe, daß auch Sie viel Freude beim Blättern und Auswählen der Rezepte haben, mehr noch beim Nachkochen und Probieren, und daß sich beim Essen etwas von der italienischen Lebensfreude Ihnen, Ihrer Familie und Ihren Gästen mitteilt.

Ihr
Christian Teubner

Historisches und Praktisches

Tatsache ist, daß schon in prähistorischer Zeit dünne Teigfladen auf heißen Steinen gebacken wurden. Man kann sich also durchaus vorstellen, daß aus den zunächst brotähnlichen Gebäkken nach und nach die Pizzen entstanden sind. Archäologen haben aber herausgefunden, daß bereits Griechen und Römer solche dünnen Teigfladen zu Streifen geschnitten, also Teigwaren hergestellt haben, die unseren heutigen Nudeln gar nicht so unähnlich sind. Es ist allerdings immer noch unerforscht, wer nun die getrocknete Nudel »erfunden« hat. Man weiß, daß die Araber eine Methode entwickelten, Nudeln um dünne Stöckchen zu wickeln und an der Luft zu trocknen. So könnte man sich durchaus das Auftauchen der Makkaroni im südlichen Italien, vor allem aber in Sizilien, erklären. Tatsache bleibt: in Italien kannte man Nudeln schon vor der legendären Reise Marco Polos nach China. So hat Marcus Gravius Apicius (geboren 25 v. Chr.) in einem seiner beiden Kochbücher bereits eine Art der Lasagne in scharf gewürzter Brühe beschrieben.

Wenn auch der China-Reisende Marco Polo mit seinen chinesischen Nudeln den Italienern nichts Neues brachte, so wurde doch ab diesem Zeitpunkt der Teigwarenverzehr in Italien immer populärer.

Einem anderen italienischen Weltreisenden ist es aber zu verdanken, daß sowohl Pizza wie auch Pasta zu den absoluten Nationalgerichten Italiens wurden und heute in der ganzen Welt gegessen werden. Es war Christoph Kolumbus, der für Spanien die Tomate mit nach Europa brachte, die wiederum – wenn auch erst fast 200 Jahre später – den italienischen Speisezettel revolutionierte. Von Neapel aus trat sie zusammen mit den Pizzen und den Pasta den Siegeszug durch ganz Italien an.

Italienische Auswanderer brachten Pizza und Pasta in ihre Gastländer in Europa und vor allem nach Nord- und Südamerika. Die italienischen Spezialitäten konnten sich bei uns erst vor einigen Jahrzehnten – wohl bedingt durch die Entwicklung des Tourismus auf breiter Ebene – durchsetzen.

Wie man Nudeln »al dente« kocht

Der Topf, in dem die Nudeln garen sollen, muß sehr groß sein. Pro 100 g nimmt man mindestens 1 l Wasser und 10 g Salz. Wenn das Wasser sprudelnd kocht, werden die Teigwaren hineingegeben und der Topf zugedeckt. Nachdem das Wasser wieder aufgekocht hat, einmal umrühren, damit sie nicht zusammenkleben. Die Nudeln bei geöffnetem Dekkel fertig kochen.

Die Kochzeiten reichen von etwa 5 Minuten für ganz feine Fadennudeln bis etwa 16 Minuten für dicke Rigatoni. Damit die Nudeln wirklich gut schmecken, müssen sie unbedingt »al dente«, das heißt bißfest gekocht werden. Deshalb zwischendurch eine Nudel herausnehmen und probieren. Sie garen ohnehin in der Servierschüssel noch etwas nach. Nach dem Kochen die Nudeln in ein Sieb schütten und das Wasser gut abtropfen lassen. In eine vorgewärmte Schüssel geben.

Die Tomate – Zutat Nummer 1

Sowohl für Pizzen als auch für die Tomatensauce wünscht man sich eine kräftig schmeckende, dunkelrote Tomate. Die sogenannte Flaschentomate aus Italien, die bei uns im Herbst angeboten wird oder auch andere Freilandtomaten aus Spanien oder von den Kanarischen Inseln sind ideal. Die großen Salattomaten eignen sich nicht für Saucen und als Pizza-Belag. Sollte man keine frischen Tomaten bekommen, sind die geschälten Tomaten (pomodori pelati) aus der Dose durchaus empfehlenswert. Man erspart sich dadurch sogar noch das Blanchieren und Schälen der Tomaten.

Käse, frisch gerieben

Eine der wichtigsten, vor allem geschmackstragenden Zutaten bei Pizza und Pasta ist der Käse. Sofern er gerieben verwendet wird, sollte er immer frisch gerieben werden. Die Vorteile sind einleuchtend: am Stück gekauft läßt sich die Qualität des Käses besser überprüfen, er trocknet nicht aus und wird nicht so schnell ranzig.

Focaccia mit Tomaten und Sardellen

Focaccia con salsa pomodori

Die einfachste Art der Focaccia ist ein Fladen aus Brotteig, in den man nach dem Ausrollen Vertiefungen drückt, in diese Olivenöl gießt, grobes Salz darüberstreut und schön kroß bäckt. Nachstehend eine saftige Version.

Zutaten für 1 Backblech:
Für den Teig:
300 g Mehl · 30 g Hefe
⅛ l lauwarmes Wasser
½ Teel. Salz
3 Eßl. Olivenöl
Für den Belag:
80 g grüne Oliven
80 g schwarze Oliven
250 g Tomatensauce
(Rezepte Seite 64 und 72)
16 Sardellenfilets
einige frische Oregano-
und Basilikumblätter
Olivenöl · Salz
schwarzer Pfeffer,
frisch gemahlen

Zubereitungszeit: 30 Minuten
Ruhezeit: etwa 60 Minuten
Backzeit: 20–25 Minuten

Für den Teig das Mehl in eine Schüssel sieben, in die Mitte eine Vertiefung drücken und die Hefe hineinbröckeln. Mit dem Wasser auflösen und mit einer Mehlschicht überdecken. Den Teig an einem warmen Platz etwa 15 Minuten gehen lassen (die Oberfläche sollte dann deutliche Risse zeigen.) Das Salz und das Olivenöl zugeben und alles zu einem glatten, nicht zu festen Hefeteig schlagen, er soll sich trocken anfühlen. Den Teig mit Mehl bestäuben und mit einem Tuch zugedeckt nochmals 20–30 Minuten gehen lassen. Dabei erreicht der Hefeteig mindestens das doppelte Volumen.

Den Teig gleichmäßig dick ausrollen, ein leicht gefettetes Backblech damit auslegen und mit einer Gabel einstechen, damit er beim Backen keine Blasen wirft.

Alle Oliven entkernen und hakken. Die Tomatensauce gleichmäßig auf dem Teig verstreichen und mit den gehackten Oliven bestreuen. Darauf in gleichmäßigen Abständen die Sardellenfilets verteilen und mit den Oregano- und Basilikumblättern belegen. Die Focaccia zugedeckt noch 15 bis 20 Minuten gehen lassen.

Den Backofen auf 220° vorheizen.

Die Focaccia mit reichlich Olivenöl beträufeln und 20–25 Minuten auf der mittleren Schiene im Backofen backen.

Die Focaccia leicht salzen, mit Pfeffer bestreuen und in 24 Rechtecke schneiden.

Focaccia mit Zwiebeln

Focaccia con salsa di cipolle

Für den Teig:
300 g Mehl · 30 g Hefe
⅛ l lauwarmes Wasser
½ Teel. Salz
3 Eßl. Olivenöl
Für den Belag:
500 g Zwiebeln
5 Eßl. Olivenöl · Salz
weißer Pfeffer,
frisch gemahlen
60 g feingehackter Bauchspeck

Zubereitungszeit: 30 Minuten

Den Teig wie nebenstehend zubereiten und gehen lassen.

Den Backofen auf 220° vorheizen.

Die Zwiebeln schälen und in Ringe schneiden. Das Öl in einer Pfanne erhitzen und die Zwiebelringe darin bei schwacher Hitze glasig dünsten.

Ein leicht gefettetes Backblech mit dem Teig auslegen und diesen mit einer Gabel mehrmals einstechen. Die Zwiebelringe auf dem Teig verteilen, salzen und mit Pfeffer bestreuen. Nicht ganz originalgetreu, aber sehr herzhaft schmeckt die Focaccia, wenn sie zum Schluß mit dem gehackten Speck bestreut wird.

Die Focaccia 20–25 Minuten auf der mittleren Schiene im Backofen backen und vor dem Servieren in Rechtecke schneiden.

Pizza Margherita

Man sagt, sie wurde von einem neapolitanischen Pizzaiolo (Pizzabäcker) erfunden als Huldigung an die Königin Margherita von Savoyen. Diese »patriotische« Pizza zeigt in ihren Zutaten die Farben der italienischen Flagge: grünes Basilikum, weißer Mozzarella und rote Tomaten.
Das folgende Rezept ist für eine Pizza in Größe eines normalen Backbleches von 33 × 43 cm gedacht. Diese Menge ist dann ausreichend als Zwischenmahlzeit oder als kleines Mittagessen für 4 Personen. Man kann daraus aber auch kleine Portionspizzen backen, also den Teig in 4 Teile teilen, rund ausrollen und dann jeweils 2 auf einem Backblech backen.
Für ganz kleine »Partypizzen« wird der Teig in 12 Teile geteilt und diese in kleine runde Fladen gerollt. Sie werden weiterverarbeitet und belegt wie die große Pizza, doch 3–4 Minuten kürzer gebacken.

Für den Teig:

300 g Mehl
20 g Hefe
⅛ l lauwarmes Wasser
½ Teel. Salz
2 Eßl. Olivenöl

Für den Belag:

1 große Dose enthäutete Tomaten (850 g)
2 Kugeln Mozzarella
Salz
schwarzer Pfeffer, frisch gemahlen
10–12 Basilikumblätter
⅛ l Olivenöl

Zubereitungszeit: 45 Minuten

Das Mehl in eine Schüssel sieben, in die Mitte eine Vertiefung drükken, die Hefe hineinbröckeln und mit dem Wasser auflösen. Den Vorteig mit etwas Mehl überdekken und mit einem Tuch zugedeckt an einem warmen Ort etwa 15 Minuten gehen lassen. Die Oberfläche muß deutliche Risse zeigen, wenn der Vorteig gut gegangen ist. Dann das Salz und das Olivenöl zufügen und alles zu einem glatten, luftigen Hefeteig schlagen.

Bild 1: Den Teig kann man mit dem Knethaken der Küchenmaschine zubereiten oder – wie auf dem Bild ersichtlich – mit einem Holzspatel schlagen, aber am einfachsten geht es mit der Hand.

Bild 2: Den Teig auf einer mit Mehl bestaubten Arbeitsfläche gleichmäßig dick ausrollen und ein leicht gefettetes Backblech damit belegen.

Bild 3: Den Teig mit einer Gabel mehrmals einstechen, damit er beim Backen keine Blasen wirft.

Bild 4: Für den Belag die Tomaten in einem Sieb gut abtropfen lassen und etwas zerkleinert auf dem Teig verteilen. Den Mozzarella in dünne Scheiben schneiden und ebenfalls auf der Oberfläche verteilen.

Bild 5: Salz und Pfeffer über die Pizza streuen und zum Schluß mit den Basilikumblättern belegen. Die Pizza nochmals 10–15 Minuten gehen lassen.
Den Backofen auf 220° vorheizen.

Bild 6: Die Pizza Margherita mit dem Olivenöl beträufeln und im Backofen auf der mittleren Schiene 18–22 Minuten backen.

Pizza mit Gemüse

Pizza al verdure

Für den Teig:
300 g Mehl · 20 g Hefe
⅛ l warmes Wasser
½ Teel. Salz
2 Eßl. Olivenöl
Für den Belag:
1 Zwiebel
600 g Tomaten
200 g gekochter Schinken
200 g Artischockenherzen
(aus dem Glas)
200 g Zucchini
200 g Champignons
100 g schwarze Oliven
1 Teel. Salz
schwarzer Pfeffer,
frisch gemahlen
200 g Fontina
100 g sardischer Schafkäse
(Fiore sardo, →Seite 92)
2 Eßl. gehackter Oregano
⅛ l Olivenöl

Zubereitungszeit: 50 Minuten

Wie auf der vorhergehenden Seite beschrieben einen Hefeteig zubereiten, zwei Kugeln daraus formen, diese zu dünnen runden Fladen ausrollen und auf leicht gefettete Backbleche legen, mit einer Gabel mehrmals einstechen.
Die Zwiebel schälen, feinhacken und die Pizzen damit bestreuen. Die Tomaten waschen, in dünne Scheiben schneiden und auf den Pizzen verteilen. Den Schinken feinwürfeln und darüberstreuen. Die Artischockenherzen abtropfen lassen und halbieren oder vierteln. Die Zucchini und die Champignons waschen, abtrocknen und in Scheiben schneiden. Die Oliven entkernen und mit den Artischockenherzen, den Zucchini- und den Champignonscheiben auf den Pizzen verteilen. Mit Salz und Pfeffer bestreuen.
Den Fontina in dünne Scheiben schneiden und die Pizzen damit belegen. Den Fiore sardo reiben und mit dem Oregano auf die Pizzen streuen.
Die Pizzen nochmals 15 Minuten gehen lassen.
Den Backofen auf 220° vorheizen.
Die Pizzen mit dem Olivenöl beträufeln und in 20–25 Minuten nacheinander auf der mittleren Schiene des Backofens goldbraun backen.

Variante: Sfincioni

Kleine sizilianische Pizzen, hergestellt aus den Produkten, die das Land hervorbringt.

Für den Teig:
500 g Mehl
30 g Hefe
¼ l lauwarme Milch
1 Ei
½ Teel. Salz
Für den Belag:
1 kg Tomaten
3 feingehackte Knoblauchzehen
3 Zwiebeln
1 Teel. Salz
½ Tasse Olivenöl
1 Tasse schwarze Oliven
1 Eßl. getrockneter Oregano
250 g Schafkäse
(Caciocavallo, →Seite 92)

Zubereitungszeit: 50 Minuten

Das Mehl in eine Schüssel sieben, in die Mitte eine Vertiefung drükken, die Hefe hineinbröckeln und mit der Milch auflösen. Das Ei und das Salz zugeben, zu einem glatten Teig schlagen und diesen zugedeckt 20–25 Minuten gehen lassen.
Die Tomaten häuten, in Stücke schneiden und mit dem Knoblauch bestreuen. Die Zwiebeln schälen, in dünne Ringe schneiden, ebenfalls darüberstreuen, das Salz zugeben und alles mit dem Öl übergießen. Diese Mischung kann schon Stunden früher vorbereitet werden, da der Belag dann um so würziger ist.
Den Backofen auf 220° vorheizen.
Den Teig in Stücke teilen, jedes Stück zu einer kleinen runden Platte ausziehen und auf leicht gefettete Backbleche legen. Die Tomatenmischung darauf verteilen. Die Oliven entkernen, halbieren und mit dem Oregano auf die Sfincioni streuen. Den Käse zerbröckeln und darüberstreuen.
Die Sfincioni in etwa 15 Minuten im Backofen auf der mittleren Schiene knusprig braun backen. Sofort mit etwas Olivenöl beträufeln.

Calzone mit Spinat

Calzone alla spinaci

Diese Pizza »mit Deckel« ist nicht nur ein sehr beliebtes Mittagessen, sondern wird auch zwischendurch zum Wein gereicht. Dafür schneidet man die Calzone in kleinere Stücke.

Für den Teig:
500 g Mehl
30 g Hefe
¼ l lauwarmes Wasser
1 Teel. Salz
1 Ei
2 Eßl. Öl
Für die Füllung:
1 kg frischer Spinat
Salzwasser
1 Zwiebel
2 Knoblauchzehen
4 Eßl. Olivenöl
1 Teel. Salz
schwarzer Pfeffer,
frisch gemahlen
200 g gekochter Schinken
100 g Fontina (→Seite 92)
50 g schwarze Oliven
1 Eßl. Kapern
Zum Bestreichen
1 Eigelb

Zubereitungszeit: 1 Stunde und 30 Minuten

Das Mehl in eine Schüssel sieben, in die Mitte eine Vertiefung drükken, die Hefe hineinbröckeln und mit dem Wasser auflösen. Den Vorteig mit etwas Mehl bestauben. Den Teig mit einem Tuch zugedeckt an einem warmen Platz etwa 15 Minuten gehen lassen.

Das Salz, das Ei und das Öl zugeben und alles zu einem glatten Hefeteig schlagen. Zugedeckt nochmals 15–20 Minuten gehen lassen.

Den Spinat verlesen, von den Stielen befreien und gut waschen. In Salzwasser etwa 5 Minuten sprudelnd kochen, dann das Wasser abgießen. Den Spinat auskühlen lassen und grobhacken. Die Zwiebel schälen und feinhacken. Die Knoblauchzehen schälen und durch die Knoblauchpresse drükken.

Das Olivenöl in einer großen Kasserolle erhitzen und die feingehackte Zwiebel und den Knoblauch darin glasig dünsten. Den gehackten Spinat zufügen und mit dem Salz und Pfeffer würzen. Den Schinken und den Fontina in kleine Würfel schneiden. Die Oliven entkernen und kleinschneiden. Die Schinken- und die Käsewürfel, die Oliven und die Kapern unter den Spinat mischen.

Den Teig auf einer bemehlten Arbeitsfläche in doppelter Backblechgröße ausrollen. Ein leicht gefettetes Backblech mit der Hälfte des Teiges belegen und die andere Hälfte überstehen lassen. Den Teig mit einer Gabel mehrmals einstechen, damit er beim Backen keine Blasen wirft. Die Spinatfülle auf der Teigfläche auf dem Backblech verteilen und am Rand einen daumenbreiten Streifen freilassen. Diesen mit verquirltem Eigelb bestreichen und die zweite Teighälfte über die Spinatfülle klappen. Den Rand gut andrücken. Die Calzone 10–20 Minuten gehen lassen.

Den Backofen auf 220° vorheizen.

Die Oberfläche der Calzone mit Eigelb bestreichen und mit einer Gabel einstechen. Die Calzone im Backofen in 25–30 Minuten auf der mittleren Schiene goldgelb backen.

Variante: Calzone mit Zwiebeln

Den gleichen Teig wie für die Calzone mit Spinat zubereiten.

Für die Füllung 700 g Zwiebeln schälen, in Ringe schneiden und in 5 Eßlöffeln Olivenöl weichdünsten. 250 g gewürfelten Schinken, 1 Ei und 1 Teelöffel Salz mit 2 Eßlöffeln gehackter Petersilie und 200 g gewürfeltem Provolone (→Seite 92) mischen und unter die abgekühlte Zwiebelmasse rühren.

Den Backofen auf 200° vorheizen. Den Teig in doppelter Backblechgröße ausrollen, auf das leicht gefettete Backblech legen und wie im Rezept für Calzone mit Spinat beschrieben füllen.

Die Calzone mit Zwiebeln im Backofen auf der mittleren Schiene in 25–30 Minuten goldgelb backen.

Provenzalische Pizza

Pissaladière

Daß die Pizza nicht nur in Italien beheimatet ist, zeigt die Pissaladière, wie die Franzosen ihre Pizza nennen. Sie wird rings um Nizza zubereitet, das ohnehin stark von der italienischen Küche geprägt ist.

Zutaten für 6–8 Portionen:
Für den Teig:
250 g Mehl
125 g Butter
4 Schnapsgläser Wasser (8 cl)
1 Teel. Salz
Für den Belag:
250 g Zwiebeln (am besten milde Gemüsezwiebeln)
3 Eßl. Olivenöl
2–3 Eßl. Wasser
½ Teel. Salz
¼ Teel. schwarzer Pfeffer, frisch gemahlen
12 Sardellenfilets
2 Tomaten
100 g schwarze Oliven
2 Teel. provenzalische Kräutermischung (Rosmarin, Thymian, Basilikum, Oregano)

Zubereitungszeit: 50 Minuten
Ruhezeit: 1–2 Stunden
Backzeit: 30–35 Minuten

Das Mehl auf eine Arbeitsfläche sieben, in die Mitte eine Vertiefung drücken und die Butter hineinschneiden. Das Wasser und das Salz ebenfalls in die Vertiefung geben. Von der Mitte heraus die Butter mit dem Wasser und dem Mehl vermischen, bis alle Zutaten vermengt sind. Dann den Teig noch etwas durchkneten und zugedeckt 1–2 Stunden im Kühlschrank ruhen lassen. In der Zwischenzeit die Zwiebeln schälen und feinhacken. Das Öl in einer Pfanne erhitzen und die Zwiebeln darin glasig dünsten. Das Wasser zugeben, das Salz und den Pfeffer darüberstreuen, und die Zwiebeln etwa 10 Minuten köcheln lassen. Den Teig zu einer runden Platte von etwa 40 cm Durchmesser ausrollen. Eine Kuchenform von 32 cm Durchmesser damit auslegen. Den Teigboden mit einer Gabel mehrmals einstechen.
Die abgekühlten Zwiebeln gleichmäßig auf dem Teig verteilen. Die Sardellenfilets sternförmig auf die Zwiebeln legen.
Die Tomaten in Scheiben schneiden (die Stielansätze entfernen), die Oliven entkernen und halbieren. Beides gleichmäßig auf den Zwiebeln verteilen. Zuletzt die Kräutermischung (es können natürlich auch frisch gehackte Kräuter sein) darüberstreuen. Die Pizza auf der mittleren Schiene des Backofens in 30–35 Minuten bei 200° knusprig braun backen.

Variante: Zwiebelpizza

Für den Teig:
250 g Mehl · 20 g Hefe
⅛ l Milch · ½ Teel. Salz
30 g weiche Butter
Für den Belag:
300 g Zwiebeln
3 Eßl. Olivenöl
⅛ l Weißwein · ½ Teel. Salz
¼ Teel. schwarzer Pfeffer frisch gemahlen
20 Sardellenfilets · 4 Tomaten
100 g schwarze Oliven
1 Eßl. gehackte Petersilie
100 g geräucherter durchwachsener Speck

Zubereitungszeit: 50 Minuten
Ruhezeit: 2–3 Stunden
Backzeit: 30–35 Minuten

Das Mehl in eine Schüssel sieben. Die Hefe in der Milch auflösen und mit dem Salz und der Butter unter das Mehl mischen. Den Teig kräftig durchkneten und kühlgestellt möglichst 2–3 Stunden ganz langsam gehen lassen.
Die Zwiebeln schälen, feinhacken und wie nebenstehend zubereiten.
Den Backofen auf 200° vorheizen. Den Speck feinwürfeln.
Den Teig ausrollen, das Blech damit belegen, mit einer Gabel mehrmals einstechen.
Die abgekühlten Zwiebeln gleichmäßig auf dem Teig verteilen und die Speckwürfel darüberstreuen. Die Pizza auf der mittleren Schiene 30–35 Minuten backen.

Tavel

Pizza »Vier Jahreszeiten«

Pizza quattro stagioni

Diese Pizza gehört zu den Klassikern der Pizzabäckerei, wenngleich der Belag für die einzelnen Jahreszeiten oft wechselt. Meistens ist es jedoch eine Mischung aus Fleisch, Fisch und Gemüse.

Für den Teig:
300 g Mehl
20 g Hefe
⅛ l lauwarmes Wasser
½ Teel. Salz
2 Eßl. Olivenöl
Für den Belag:
1 kleine Dose enthäutete Tomaten (500 g)
1 Knoblauchzehe
300 g Champignons
300 g Miesmuscheln (aus dem Glas)
300 g Artischockenherzen (aus dem Glas)
300 g gekochter Schinken
200 g schwarze Oliven
60 g Sardellen
Salz
schwarzer Pfeffer, frisch gemahlen
1 Eßl. gehackte Petersilie
1 Eßl. gehackter frischer Oregano
1 Teel. gehacktes frisches Basilikum
2 Kugeln Mozzarella
⅛ l Olivenöl

Zubereitungszeit: 45 Minuten
Ruhezeit: etwa 30 Minuten
Backzeit: 20–25 Minuten

Das Mehl in eine Schüssel sieben, in die Mitte eine Vertiefung drükken und die Hefe hineinbröckeln; mit dem warmen Wasser auflösen. Diesen Vorteig mit etwas Mehl bestäuben und mit einem Tuch bedeckt an einem warmen Ort etwa 15 Minuten gehen lassen. Die Oberfläche muß deutlich Risse zeigen, wenn der Vorteig gut gegangen ist.
Dann das Salz und das Olivenöl zufügen und alles zu einem glatten, luftigen Hefeteig schlagen. Den Teig teilen und zu zwei Kugeln rollen. Die Teigkugeln auf einer leicht bemehlten Arbeitsfläche zu dünnen Fladen von 30–35 cm Durchmesser ausrollen und auf leicht gefettete Backbleche legen. Den Teig mit einer Gabel mehrmals einstechen, damit die Pizzen beim Backen keine Blasen werfen können.
Die Tomaten in einem Sieb abtropfen lassen, dann grobhacken. Die Knoblauchzehe schälen und durch die Knoblauchpresse drükken. Die Champignons putzen und halbieren.
Die Tomaten auf die beiden Pizzen verteilen und mit dem Knoblauch bestreuen. Auf den Pizzen dann mit einem Messer ein Kreuz einritzen.
Das erste Viertel der Pizzen mit den abgetropften Miesmuscheln und den halbierten oder geviertelten Artischockenherzen belegen. Den Schinken in Streifen schneiden und damit das nächste Viertel belegen. Das dritte Viertel mit den Champignons ausfüllen. Für das letzte Viertel die schwarzen Oliven entkernen und mit den gewässerten und trockengetupften Sardellen auf die Pizzen geben.
Alles mit Salz, Pfeffer und der Hälfte der Kräuter bestreuen. Den Mozzarella in Würfel schneiden und auf den Pizzen verteilen. Darüber dann die restlichen Kräuter streuen.
Die Pizzen nochmals 10–20 Minuten gehen lassen. Den Backofen auf 220° vorheizen.
Die Pizzen mit dem Olivenöl beträufeln und auf den mittleren Schienen des Backofens in 20–25 Minuten knusprig braun backen.
Wenn nötig nach 10 Minuten Backzeit noch etwas Olivenöl auf die Pizzen träufeln.

Mein Tip: Wenn Sie keine frischen Kräuter zur Verfügung haben, können Sie auf getrocknete zurückgreifen. Nehmen Sie dann aber nur die Hälfte der im Rezept angegebenen Menge.

Pizza mit Ricotta

Pizza con ricotta

Wenn auch die meisten und vor allem die traditionellen Pizzen mit Hefeteig zubereitet werden, so gibt es doch eine Reihe anderer Arten, wie auch die provenzalische Pizza (→Rezept Seite 16), und die auf dieser Seite beschriebene Pizza, die mit einem Mürbteig gemacht werden. Den Ricotta können Sie durch Quark ersetzen. Man sollte dann aber einen Schichtkäse wählen, und diesen noch möglichst gut ausdrücken oder abtropfen lassen.

Für den Teig:
350 g Mehl
170 g weiche Butter
1 Teel. Salz · 1 Ei
3 Eßl. Wasser
Für die Füllung:
300 g Ricotta oder trockener
Quark (Schichtkäse)
3 Eier
½ Teel. Salz
weißer Pfeffer, frisch gemahlen
2 Eßl. gehackte Petersilie
1 Teel. gehackter Majoran
100 g Provolone (→Seite 92)
100 g Asiago (→Seite 92)
200 g Salami
oder Parmaschinken
Zum Bestreichen
1 Eigelb

Zubereitungszeit: 50 Minuten
Ruhezeit: 2–3 Stunden
Backzeit: 45–50 Minuten

Das Mehl auf die Arbeitsplatte sieben, in die Mitte eine Vertiefung drücken und die Butter, das Salz, das Ei und das Wasser hineingeben. Von innen nach außen die Zutaten schnell zu einem Mürbteig kneten. Den Teig in Folie wikkeln und mindestens 2–3 Stunden im Kühlschrank ruhen lassen.
Den Ricotta oder den abgetropften Schichtkäse in einer Schüssel verrühren und die Eier nach und nach dazugeben. Mit dem Salz und Pfeffer abschmecken und die gehackten Kräuter darunterrühren. Den Provolone und Asiago in kleine Würfel schneiden, ebenso die Salami oder den Schinken. Die Käse- und die Salami- oder Schinkenwürfel unter die Quarkmasse mischen.
Den Backofen auf 200° vorheizen.
Von dem gekühlten Teig etwa zwei Drittel abschneiden. Auf einer leicht bemehlten Arbeitsfläche eine runde dünne Platte von etwa 25 cm Durchmesser ausrollen. Damit eine leicht gefettete Tortenform oder eine Springform auslegen und den Rand fest andrücken. Den überstehenden Teig abschneiden. Den Boden mit einer Gabel mehrmals einstechen und die Ricottamasse einfüllen.
Von dem restlichen Teig einen Deckel ausrollen. Den Rand mit verquirltem Eigelb bestreichen. Den Deckel auf die Quarkfüllung setzen und die Ränder andrücken. In die Oberfläche des Deckels ein Loch für den Dampfabzug ausstechen.
Die Pizza mit restlichem Eigelb bestreichen und im vorgeheizten Backofen auf der mittleren Schiene 45–50 Minuten backen.

Variante: Pizza mit Zwiebeln

Für Freunde von Zwiebelkuchen sei diese Pizza aus einer Mischung von Ricotta, Zwiebeln und Schinken empfohlen. Dafür kann das nebenstehende Rezept verwendet werden. Der Ricotta wird auf 100 g reduziert, dafür kommen 250 g in dünne Scheiben geschnittene Zwiebeln dazu. Der Ricotta oder der gut abgetropfte Quark wird, wie beim ersten Rezept, mit den Eiern verrührt und gewürzt. Die Zwiebeln werden dann zum Schluß mit dem Käse und Schinken gemischt.
Die Pizza wird wie nebenstehend weiterverarbeitet. Auch die Backtemperatur und Zeit bleiben gleich.

Pizza mit Artischocken

Pizza con carciofi

Der Belag dieser Pizza ist sehr reichhaltig, aber das Besondere daran sind die Artischockenherzen. In Italien werden diese noch sehr oft gekonnt aus frischen Artischocken geschnitten und gekocht. Viel einfacher geht es aber mit Artischockenherzen aus der Dose, die man allerdings vor Gebrauch sehr gut abtropfen lassen sollte.

Zutaten für 4 Portionen:
Für den Teig:
300 g Mehl · 20 g Hefe
⅛ l lauwarmes Wasser
½ Teel. Salz · 1 Eßl. weiche Butter
Für den Belag:
300 g Tomaten
180 g Salami in
dünnen Scheiben
1 Dose Artischockenherzen
(netto 400 g)
120 g schwarze Oliven
250 g Mozzarella
Oregano, Basilikum und etwas
Rosmarin zum Bestreuen
Öl zum Beträufeln

Zubereitungszeit: etwa 45 Minuten
Ruhezeit: etwa 60 Minuten
Backzeit: etwa 20 Minuten

Das Mehl in eine Schüssel sieben, in die Mitte eine Vertiefung drükken, die Hefe hineinbröckeln und diese mit dem Wasser auflösen. Diesen Vorteig mit etwas Mehl bestäuben und mit einem Tuch zugedeckt an einem warmen Ort etwa 10–15 Minuten gehen lassen (die Oberfläche soll deutliche Risse zeigen).
Dann das Salz und die Butter dazugeben und einen glatten, aber nicht zu festen Teig schlagen.
Auf einer bemehlten Arbeitsplatte den Teig mindestens 5–10 Minuten kräftig durchkneten und zwischendurch auf die Arbeitsplatte schlagen, damit er entspannt und elastisch wird. Zugedeckt nochmals 30 Minuten gehen lassen.
Aus dem Teig 2 Pizzen von etwa 25–30 cm Durchmesser ausrollen und auf je ein Backblech legen. Mit einer Gabel einige Male einstechen, damit der Teig beim Backen keine Blasen wirft.
Den Backofen auf 230° vorheizen.
Die Tomaten kurz in kochendem Wasser blanchieren und die Haut abziehen. Das Fruchtfleisch in Würfel schneiden, die Stielansätze entfernen und die Tomaten auf den beiden Pizzen so verteilen, daß der Rand frei bleibt und der Belag während des Backens nicht herunterlaufen kann. Anschließend die Salamischeiben und die gut abgetropften und in Viertel geschnittenen Artischockenherzen darauflegen. Die Oliven entkernen und die Pizzen damit bestreuen.
Den Mozzarella in dünne Scheiben schneiden und auf den Pizzen verteilen.
Die frischen oder getrockneten Kräuter darüberstreuen, und die Pizzen zum Schluß reichlich mit Olivenöl beträufeln. Nochmals etwa 10–15 Minuten gehen lassen.
Die Pizzen auf den mittleren Schiene des Backofens schön knusprig braun backen. Das dauert etwa 15–25 Minuten.

Variante: Pizza mit Tomaten und Artischockenherzen

Den Hefeteig wie nebenstehend beschrieben zubereiten, 2 Fladen formen und auf leicht gefettete Backbleche legen. 80 g in Scheiben geschnittenen Bauchspeck darauf verteilen, mit 200 g in Scheiben geschnittene Tomaten, 100 g halbierten Champignons aus dem Glas und 6 geviertelten Artischockenherzen aus dem Glas belegen. Salzen und pfeffern. 200 g in Scheiben geschnittenen Mozzarella auf den Fladen verteilen. Mit je 1 Teelöffel frischem, gehacktem Oregano und gehackter Petersilie bestreuen. Beide Pizzen mit ⅛ l Olivenöl beträufeln. Bei 210° auf der mittleren Schiene des Backofens in 20–25 Minuten goldbraun backen.
Diese Pizza ist auf der Vorderseite des Einbandes abgebildet.

Pizza mit Meeresfrüchten

Pizza frutti di mare

Mit Meeresfrüchten belegte Pizzen sind ganz besonders fein, vorausgesetzt, man hat auch frische Zutaten parat, was in unseren Breiten nicht immer ganz einfach ist. Aber man muß durchaus nicht die ganze Palette von Meeresfrüchten, wie im folgenden Rezept beschrieben, zur Verfügung haben. Eine Pizza nur mit Muscheln, nur mit Fisch oder nur mit Krabben belegt schmeckt hervorragend. Der Tomatenbelag empfiehlt sich in jedem Falle als Unterlage.

Zutaten für 3 Portionen:
Für den Teig:
300 g Mehl · 20 g Hefe
⅛ l lauwarmes Wasser
½ Teel. Salz
2 Eßl. Olivenöl
Für den Belag:
1 kleine Dose enthäutete Tomaten (500 g)
1 Knoblauchzehe
1 Dorade von 400 g (oder ein anderer festfleischiger Fisch)
3 Kalmare (Tintenfische)
Salzwasser
600 g Miesmuscheln
200 g Garnelen (oder Nordseekrabben)
Salz
schwarzer Pfeffer, frisch gemahlen
1 Eßl. gehackte Petersilie
2 Zwiebeln
1 Bund Basilikum
⅛ l Olivenöl

Zubereitungszeit: 60 Minuten
Backzeit: pro Backblech etwa 20 Minuten

Das Mehl in eine Schüssel sieben, in die Mitte eine Vertiefung drükken und die Hefe hineinbröckeln. Mit dem Wasser auflösen. Den Vorteig mit etwas Mehl bestäuben und mit einem Tuch bedeckt an einem warmen Ort 15 Minuten gehen lassen. Die Oberfläche muß deutlich Risse zeigen, wenn der Vorteig gut gegangen ist.
Das Salz und das Olivenöl zufügen und alles zu einem glatten, luftigen Hefeteig schlagen. Den Teig nochmals zugedeckt 20 Minuten gehen lassen.
Inzwischen für den Belag die Tomaten aus der Dose in einem Sieb abtropfen lassen und grob zerkleinern. Die Knoblauchzehe schälen und durch die Knoblauchpresse drücken. Die Dorade schuppen, waschen und filetieren. Die Fischfilets in Streifen schneiden. Die Kalmare sorgfältig putzen und in Salzwasser etwa 10 Minuten kochen. Die Muscheln ebenfalls unter fließendem Wasser gründlich putzen und in Salzwasser sprudelnd kochen lassen, bis sie sich öffnen. Dann das Muschelfleisch herauslösen. Ungeöffnete Muscheln wegwerfen. Die Garnelen schälen, waschen und in Salzwasser etwa 5 Minuten kochen.

Den Backofen auf 220° vorheizen.
Den gegangenen Teig in 3 gleich große Stücke teilen und diese zu Kugeln rollen. Die Teigkugeln auf einer leicht bemehlten Arbeitsfläche zu dünnen Fladen ausrollen und diese auf leicht gefettete Backbleche legen. Den Teig mit einer Gabel mehrmals einstechen.
Die abgetropften Tomaten auf die Pizzen verteilen. Den Knoblauch, Salz, Pfeffer und die Petersilie darüberstreuen. Die Zwiebeln schälen, in Ringe schneiden und mit den vorgekochten, abgetropften Meeresfrüchten auf die Pizzen geben. Das Basilikum waschen und die Blätter darüberlegen. Mit Salz und Pfeffer nachwürzen.
Die Pizzen nochmals 10–15 Minuten gehen lassen, dann mit dem Olivenöl beträufeln und im Backofen auf der mittleren Schiene in 18–20 Minuten hellgelb backen.

Italienische Nudelsorten: Die Abbildung dafür finden Sie auf der vorhergehenden Doppelseite.

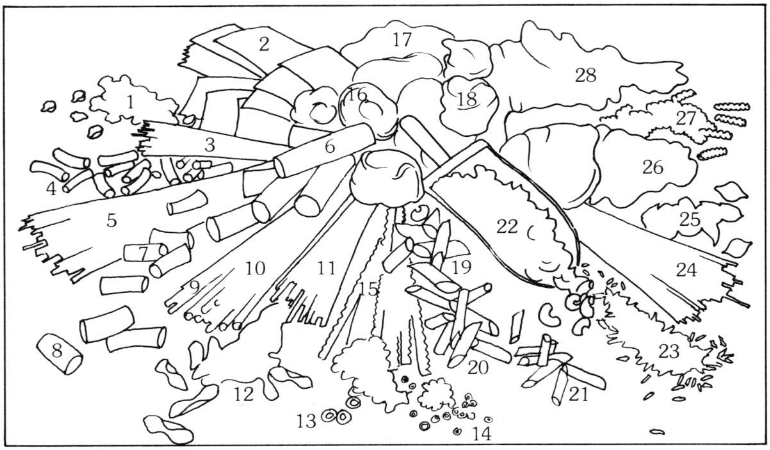

1 Gnocchi
2 Lasagne und Lasagne verdi
3 Spaghettini
4 Elicoidali
5 Spaghetti
6 Cannelloni und Cannelloni verdi
7 Rigatoni
8 Grosso Rigato
9 Maccheroni
10 Mezzani
11 Bucatini
12 Farfalle
13 Anelli
14 Anellini
15 Tripolini
16 Spaghetti chitarra
17 Trenette
18 Tagliatelle verdi
19 Pennoni
20 Penne rigate
21 Penne
22 Chifferi rigati
23 Semini
24 Linguettine
25 Conchiglie
26 Tagliatelle
27 Tortiglioni
28 Fettuccine

Spaghetti mit geröstetem Brot

Spaghetti con la mollica

Zutaten für 4 Portionen:
150 g trockenes Weißbrot
⅛ l Olivenöl
8 Sardellenfilets
500 g Spaghetti
oder Fadennudeln
Salzwasser
2 Eßl. gehackte Petersilie
½ Teel. Salz
weißer Pfeffer, frisch gemahlen

Zubereitungszeit: 20 Minuten

Das Weißbrot zerbröckeln oder in kleine Würfel schneiden.
Die Hälfte des Olivenöls in einer Pfanne erhitzen und das zerbrökkelte Weißbrot darin unter stetigem Wenden rösten. Das Brot herausnehmen. Das restliche Öl in einer Pfanne erhitzen. Die Sardellen darin bei schwacher Hitze braten, bis sie zerfallen.
Die Spaghetti in Salzwasser nicht zu weich kochen, gut abtropfen lassen und in eine große Schüssel füllen. Das geröstete Weißbrot darübergeben, dann die Sardellen mit dem Öl. Zum Schluß die gehackte Petersilie darüberstreuen. Mit Salz und Pfeffer würzen. Alles gut vermengen und sofort servieren; die Brotkrumen müssen noch kroß sein.

RAPITAL

Spaghetti nach Art der Köhlerin

Spaghetti alla carbonara

Von den zahlreichen Zubereitungsvarianten für Spaghetti ist »alla carbonara« wohl eine der besten und einfachsten. Einfach auch, was die Verwendung der Zutaten betrifft, denn man sagt, daß die Köhler sich früher fast ausschließlich von Käse und Speck ernährten. Eier und Sahne waren schon der reine Luxus. Aber auf den Speck kommt es an. Die Italiener verwenden dafür den »Pancetta«, einen luftgetrockneten Bauchspeck. Man kann ihn durch luftgetrockneten Schinken ersetzen, oder durch geräucherten, rohen Bauchspeck. Nimmt man letzteren, entspricht das Gericht wegen des Rauchgeschmacks allerdings nicht der Originalversion.

Zutaten für 4 Portionen:
120 g Pancetta
(durchwachsener Bauchspeck)
1 mittelgroße Zwiebel
50 g Butter oder Öl
400 g Spaghetti
reichlich Salzwasser
2 Eier · 4 Eßl. Sahne
½ Teel. Salz
weißer Pfeffer, frisch gemahlen
50 g Pecorino (→Seite 92)
50 g Grana padano (→Seite 92)

Zubereitungszeit: etwa 30 Minuten

Den Bauchspeck feinwürfeln. Die Zwiebel schälen und feinhacken. Die Butter in einer Pfanne zerlaufen lassen, die feingehackte Zwiebel zugeben und darin weichschmoren. Den Bauchspeck zufügen, nur 1–2 Minuten darin heiß werden lassen und gleich vom Herd nehmen.
Die Spaghetti in reichlich Salzwasser »al dente« kochen.
In einer großen, vorgewärmten Schüssel die Eier mit der Sahne, dem Salz und Pfeffer verrühren. Die Spaghetti in einem Durchschlag abtropfen lassen und heiß zu der Eiermischung geben.
Beide Käsesorten reiben. Die Zwiebel-Speck-Mischung und den Käse über die Spaghetti geben, alles ganz vorsichtig durchmischen und sofort servieren.

Variante: Spaghetti mit Oliven und Oregano

Eine sehr aparte Variante des Rezeptes »alla carbonara« ist diese Version. Das Aroma schwarzer Oliven mit dem von Oregano harmonisiert ganz vorzüglich mit dem typischen Geschmack luftgetrockneten Fleisches. Deshalb sollte man dieses Gericht auch grundsätzlich nicht mit geräuchertem Bauchfleisch zubereiten, sondern unbedingt Parmaschinken dafür verwenden.
Die Zubereitung ist die gleiche wie bei dem nebenstehenden Rezept. Zusätzlich werden noch 100 g schwarze Oliven entkernt, halbiert oder geviertelt und zusammen mit 1 Teelöffel frischem, feingehacktem Oregano und 2 Teelöffeln gehackter Petersilie zum Schluß zu den Spaghetti gegeben.

Variante: Spaghetti mit gekochtem Schinken

Sie ist sozusagen eine milde Version der Spaghetti alla carbonara. Die Zubereitung ist die gleiche, nur wird statt des durchwachsenen Bauchspecks 200 g in kleine Würfel geschnittener, gekochter Schinken verwendet. Empfehlenswert ist es auch, den relativ scharfen Pecorino durch Grana padano zu ersetzen.

Spaghetti mit Miesmuscheln

Spaghetti con le cozze

Muscheln und Teigwaren ergänzen sich in geradezu hervorragender Weise, gleichgültig, ob man sie »natur« oder »mit Tomatensauce« zubereitet.

Zutaten für 4 Portionen:
1 kg Miesmuscheln
1 Zwiebel
1 Stück Petersilienwurzel
1 Möhre
1 Stange Bleichsellerie
½ l Weißwein
4 Eßl. Olivenöl
1 Knoblauchzehe
1 Eßl. gehacktes Basilikum
1 Eßl. gehackte Petersilie
½ Teel. Salz
schwarzer Pfeffer, frisch gemahlen
1 kleine Dose enthäutete Tomaten (500 g)
⅛ l Weißwein
400 g Spaghetti
Salzwasser
100 g flüssige Butter

Zubereitungszeit: 1 Stunde und 30 Minuten

Die Muscheln sehr gut waschen und abbürsten, dabei bereits geöffnete Muscheln aussortieren und wegwerfen. Die Zwiebel schälen und vierteln, die Petersilienwurzel und die Karotte putzen und längs durchschneiden, den Sellerie in große Stücke schneiden. Das Wurzelgemüse in einem großen Topf mit dem Wein zum Kochen bringen. Dann die Muscheln zugeben und zugedeckt 10–12 Minuten kochen lassen. Die Muscheln haben sich dann geöffnet; noch geschlossene Exemplare wegwerfen.

Die Muscheln etwas abkühlen lassen und aus den Schalen lösen. Den Fond durch ein Sieb gießen und bis zur Hälfte einkochen.

Das Öl in einer Kasserolle erhitzen, die zerdrückte Knoblauchzehe darin andünsten, dann die Kräuter, Salz und Pfeffer zugeben. Die abgetropften Tomaten und den Muschelfond zufügen. Die Sauce bei schwacher Hitze 30 Minuten kochen lassen.

Das Muschelfleisch und den Weißwein zugeben und die Sauce nochmals 2–3 Minuten erhitzen. Die Spaghetti in Salzwasser »al dente« kochen, gut abtropfen lassen, mit der Butter vermengen und mit der Sauce servieren.

Spaghetti mit Muschelsauce

Spaghetti alle vongole e pomodori

Zutaten für 4 Portionen:
1 kleine Zwiebel
1 Knoblauchzehe
1 Stück Bleichsellerie
2 Eßl. Öl
1 kleine Dose enthäutete Tomaten (500 g)
1 kleine Dose Herzmuscheln (vongole)
1 Teel. Salz
schwarzer Pfeffer, frisch gemahlen
½ Eßl. Oregano
½ Eßl. gehackte Petersilie
1 Teel. Thymian
⅛ l Weißwein
400 g Spaghetti
Salzwasser
80 g frisch geriebener Grana padano (→Seite 92)

Zubereitungszeit: 20 Minuten

Die Zwiebel und die Knoblauchzehe schälen, beides feinhacken. Den Bleichsellerie putzen und ebenfalls sehr feinhacken.

Das Öl in einer Kasserolle erhitzen, die Zwiebel, den Knoblauch und den Bleichsellerie zufügen. Die Tomaten mit dem Saft unterrühren und 10 Minuten kochen lassen.

Die Muscheln, die Gewürze, die Kräuter und zum Schluß den Weißwein zufügen. Alles 15–20 Minuten bei schwacher Hitze köcheln lassen, wenn nötig etwas Flüssigkeit nachgießen.

Die Spaghetti in reichlich Salzwasser »al dente« kochen und abtropfen lassen. Mit der Sauce und dem Käse servieren.

Spaghetti mit Herzmuscheln

Spaghetti alle vongole

Eines der einfachsten und zugleich feinsten Spaghettigerichte.

Zutaten für 4 Portionen:
1 Knoblauchzehe
2–3 Schalotten · 1 Möhre
1 Stück Bleichsellerie
⅛ l Olivenöl
¼ l trockener Weißwein
1,2 kg frische
Herzmuscheln (vongole)
½ Teel. Salz
weißer Pfeffer,
frisch gemahlen
1 Eßl. gehackte Petersilie
je 1 Teel. gehacktes
Basilikum und Zitronenmelisse
400 g Spaghetti
reichlich Salzwasser

Zubereitungszeit: 20 Minuten

Die Knoblauchzehe schälen und durch die Knoblauchpresse drükken. Die Schalotten sehr fein hakken. Die Möhre schaben und in kleine Würfel schneiden. Den Sellerie putzen und ebenfalls kleinwürfeln.
Das Olivenöl in einer großen Kasserolle erhitzen. Die zerdrückte Knoblauchzehe und die ganz fein gehackten Schalotten darin kurz andünsten. Die Möhren- und die Selleriewürfel zugeben und 2–3 Minuten anbraten. Dann mit dem Weißwein aufgießen.
Die frischen Muscheln unter fließendem kaltem Wasser abreiben und in die Kasserolle geben. Mit Salz und Pfeffer bestreuen. Den Deckel auf die Kasserolle setzen, und die Muscheln einige Minuten kochen, bis sie sich geöffnet haben. Eventuell noch geschlossene Exemplare wegwerfen; sie könnten verdorben sein. Die feingehackten Kräuter zu den Muscheln geben. Alles bei schwacher Hitze in der geöffneten Kasserolle noch 10–15 Minuten schmoren lassen; dabei kocht die Flüssigkeit etwas ein.
In der Zwischenzeit die Spaghetti in reichlich Salzwasser »al dente« kochen und abseihen.
Die Nudeln in eine große Schüssel geben und die Muschelmischung darübergießen. Alles gut vermischen und das Gericht sofort servieren.

Mein Tip: Verwenden Sie zur Zubereitung des Gerichtes möglichst den gleichen Wein, den Sie auch zur Mahlzeit servieren.

Variante: Spaghetti im Fischsud

Zutaten für 4 Portionen:
1 kg Schollen ohne Köpfe
(oder andere kleine Seefische)
1 Möhre
1 Stück Bleichsellerie
1 Petersilienwurzel
2 Eßl. Olivenöl
1 Knoblauchzehe
1 Zwiebel
2 Nelken · 1 Lorbeerblatt
1 Teel. Salz · 400 g Spaghetti
1 Eßl. gehackte Petersilie

Zubereitungszeit: 1 Stunde und 15 Minuten

Die Fische waschen und putzen. Aus den Fischen die Filets auslösen oder dies vom Fischhändler besorgen lassen. Die Gräten und Flossen in Stücke hacken. Die Möhre putzen und würfeln, den Bleichsellerie und die Petersilienwurzel waschen und in Stücke schneiden.
Das Olivenöl in einer Kasserolle erhitzen, die Möhre, den Bleichsellerie und die Petersilienwurzel darin hell andünsten. Die ganze geschälte Knoblauchzehe und die in Viertel geschnittene Zwiebel, die Nelken und das Lorbeerblatt zugeben. Die Fischgräten zufügen und das Ganze mit 1½ Liter Wasser bedecken. Bei schwacher Hitze etwa 60 Minuten kochen lassen und aufsteigenden Schaum abschöpfen. Dann alles durch ein Sieb in einen anderen Topf geben und diese Brühe bei schwacher Hitze auf etwa ¾ l einkochen lassen.
1 Teelöffel Salz und die Spaghetti zugeben, etwa 2–3 Minuten kochen lassen, die in Stücke geschnittenen Fischfilets zusetzen und weitere 8 Minuten köcheln lassen. Die Spaghetti im Fischsud mit der Petersilie bestreut servieren.

Spaghetti mit Knoblauch

Spaghetti aglio e olio

Dieses Gericht gehört zu den italienischen Standard-Nudelgerichten; es ist einfach, aber von ganz hervorragendem Geschmack und eine Spezialität für Knoblauchliebhaber. Hier die süditalienische Version des Gerichts, die durch eine gehackte Peperoni noch an Schärfe gewinnt.

Zutaten für 4 Portionen:

500 g Spaghetti
Salzwasser
3 Knoblauchzehen
⅛ l Olivenöl
1 feingehackte Peperoni
2 Eßl. gehackte Petersilie

Zubereitungszeit: 15 Minuten

Die Spaghetti im Salzwasser »al dente« kochen und abseihen.
Die Knoblauchzehen schälen und durch die Knoblauchpresse drükken. Das Olivenöl in einer Pfanne erhitzen, die zerdrückten Knoblauchzehen und die feingehackte Peperoni darin andünsten und über die heißen Spaghetti schütten. Die Nudeln mit der gehackten Petersilie bestreuen und sofort servieren.
Wenn Sie Käse dazu reichen, was durchaus nicht in ganz Italien üblich ist, dann sollten Sie nur besten, frisch geriebenen Parmesan verwenden.

Spaghetti mit Knoblauch und Tomaten

Spaghetti aglio e pomodori

Zutaten für 4 Portionen:

2 Knoblauchzehen
4 Eßl. Olivenöl
1 Teel. Salz
weißer Pfeffer, frisch gemahlen
1 feingehackte Peperoni
1 kleine Dose
enthäutete Tomaten (500 g)
3 Eßl. gehackte Petersilie
400 g Spaghetti
reichlich Salzwasser
100 g frisch
geriebener Parmesan

Zubereitungszeit: 20 Minuten

Die Knoblauchzehen schälen und durch die Knoblauchpresse drükken. Das Olivenöl erhitzen, die zerdrückten Knoblauchzehen mit den Gewürzen und der feingehackten Peperoni darin andünsten. Die Tomaten unzerkleinert mit der Flüssigkeit zufügen, und die Sauce bei schwacher Hitze so lange kochen lassen, bis die Tomaten zerfallen sind. Dann erst die gehackte Petersilie in die Sauce streuen.
Die Spaghetti im Salzwasser »al dente« kochen und durch ein Sieb abgießen.
Die Nudeln mit der Sauce und dem Parmesan servieren.

Variante: Spaghetti mit Knoblauch und Auberginen

Zutaten für 4 Portionen:

500 g Auberginen
1 Teel. Salz
2 Knoblauchzehen
½ Zwiebel
1 Peperoni
4 Eßl. Olivenöl
400 g Spaghetti

Zubereitungszeit: 45 Minuten

Die Auberginen waschen, schälen und in dünne Scheiben schneiden. In einer Schüssel mit dem Salz bestreut 30 Minuten zugedeckt stehen lassen, weil dadurch die Bitterstoffe entzogen werden.
Die Knoblauchzehen schälen und zerdrücken, die Zwiebel schälen und würfeln, die Peperoni waschen, halbieren und Stiel und Kerne entfernen.
Das Öl in einer Pfanne erhitzen, den Knoblauch und die Zwiebelwürfel darin leicht anbräunen. Die Peperonihälften hinzufügen und mitschmoren lassen.
Die Auberginenscheiben abspülen, trockentupfen und von beiden Seiten braten.
Die Spaghetti in der Zwischenzeit »al dente« kochen.
Die Peperoni aus der Pfanne nehmen, die Spaghetti zu den Auberginen geben und gut vermischt servieren.

Spaghettirösti mit Muschelsauce

Spaghetti »usati« alle cozze

Zutaten für 4 Portionen:
300 g Spaghetti
Salzwasser
Öl zum Bestreichen des Backblechs
1 Zwiebel
1 Knoblauchzehe
2 Möhren
¼ Sellerieknolle
1 Petersilienwurzel
4 Eßl. Öl
½ l trockener Weißwein
1 kg Miesmuscheln
1 Teel. Salz
schwarzer Pfeffer, frisch gemahlen
500 g sehr reife Tomaten
80 g Butter
1 Eßl. gehackte Petersilie

Zubereitungszeit: 1 Stunde und 45 Minuten

Die Spaghetti im Salzwasser sprudelnd etwa 8 Minuten kochen. Zum Ablaufen in ein Sieb schütten. Ein Backblech oder eine große Porzellanplatte mit Öl bepinseln und darauf aus den Nudeln 4 flache Nester formen und etwas trocknen lassen.
Die Zwiebel schälen und feinhakken. Die Knoblauchzehe schälen und durch die Knoblauchpresse drücken. Die Möhren schaben und kleinwürfeln. Den Sellerie und die Petersilienwurzel schälen und ebenfalls in kleine Würfel schneiden.
In einer großen Kasserolle das Öl erhitzen, die gehackte Zwiebel und den Knoblauch sowie die Möhren, den Sellerie und die Petersilienwurzel darin etwa 8 bis 10 Minuten andünsten. Dann mit dem Weißwein aufgießen.
Die Muscheln unter fließendem kaltem Wasser sauber bürsten und in die Weißweinsauce geben. Mit Salz und Pfeffer würzen und zugedeckt so lange kochen lassen, bis sich die Muscheln öffnen. Muscheln, die sich während des Garens nicht geöffnet haben, wegwerfen, da sie verdorben sein können.
Die geöffneten Muscheln einzeln aus der Sauce nehmen, und das Fleisch aus den Schalen lösen.
Die Tomaten grob zerkleinern und in den Muschelsud geben. Das Ganze 20–30 Minuten bei schwacher Hitze einkochen lassen. Wenn nötig zwischendurch mit etwas Fleischbrühe aufgießen.
Die Sauce dann durch ein feines Sieb passieren, das Muschelfleisch zugeben und etwa 10 Minuten bei schwacher Hitze in der Sauce ziehen lassen.
Die Butter in einer Pfanne zerlaufen lassen und die Spaghettirösti darin nacheinander von beiden Seiten knusprig braun braten.
Die Spaghettirösti mit Petersilie bestreut zusammen mit der Muschelsauce servieren.
Dazu paßt ganz hervorragend ein trockener Orvieto.

Variante: Spaghettiauflauf mit Muscheln

Die Tomaten für die Sauce kurz in kochendem Wasser blanchieren und enthäuten. Die Muschelsauce wie im Rezept für Spaghettirösti beschrieben zubereiten, aber nicht durchpassieren.
Die gleiche Menge Spaghetti in Salzwasser »al dente« kochen und in einer großen Schüssel mit der Muschelsauce mischen. 200 g frische ausgehülste Erbsen und 150 g gewürfelten Fontina zufügen.
Den Backofen auf 200° vorheizen.
Eine Auflaufform dick mit Butter ausstreichen. Die Spaghettimischung einfüllen und die restliche Butter in Flöckchen auf der Oberfläche verteilen.
Den Auflauf im Backofen auf der mittleren Schiene 30–40 Minuten backen.

Nudeln hausgemacht

Grundsätzlich kann man alle Rezepte in diesem Buch mit Fertigteigwaren zubereiten. Wenn man wenig Zeit hat, ist es auch empfehlenswert, sich nur auf das Zubereiten der Sauce zu konzentrieren. Trotzdem sollte man gelegentlich die Mühe auf sich nehmen und Nudeln selbst herstellen. Besonders bei einfachen Gerichten, wo der Geschmack der Nudeln ausschlaggebend ist, zum Beispiel bei Spaghetti mit Knoblauch oder Fettuccine mit Butter und Käse lohnt sich die Arbeit, zumal die Zubereitung eines Nudelteiges gar nicht so problematisch ist.

Hausgemachte Nudeln – kein Problem

Voraussetzung für ein gutes Gelingen sind gute Zutaten. Da darf man keine Kompromisse machen, das Mehl muß einwandfrei, die Eier müssen frisch und Gemüse, Fisch oder Fleisch von bester Qualität sein.
Teigwaren werden in den unterschiedlichsten Preis- und Güteklassen angeboten, und oftmals ist ihr Geschmack auch zufriedenstellend. Und trotzdem, selbstgemachte Nudeln sind einfach durch nichts zu überbieten, wenn das auch noch so unglaubhaft klingt. Der Einwand, daß man sich heutzutage aus Zeitgründen selbst hergestellte Nudeln gar nicht leisten kann, stimmt nur bedingt:
1. Die Zubereitung ist ganz einfach: nach der Faustregel, auf 100 g Mehl 1 Ei, 1 Eßlöffel Öl und 1 Prise Salz zu verwenden, läßt sich Nudelteig im Nu herstellen (→Grundrezept).
2. Nudelteig kann man auch auf Vorrat herstellen und dazu eine beliebig freie Stunde nutzen.
3. Das Ausrollen und Schneiden der Nudeln sieht schwieriger aus, als es ist. Es geht recht schnell. Man kann jedoch auch maschinelle Hilfe in Anspruch nehmen, nämlich für die Teigzubereitung eine Küchenmaschine und für das Ausrollen und Schneiden eine der Nudelmaschinen, die in preiswerten Ausführungen erhältlich sind.

Grundrezept Nudeln

300 g Mehl
3 Eier
1 Teel. Salz
3 Eßl. Olivenöl

Zubereitungszeit: 30 Minuten

Bild 1: Das Mehl auf eine glatte Arbeitsfläche häufen. In die Mitte eine Mulde drücken und die Eier hineingeben.

Bild 2: Das Salz und das Olivenöl zufügen.

Bild 3: Mit Hilfe einer Gabel die Eier mit dem Salz und dem Olivenöl verquirlen, dabei schon etwas Mehl mit untermischen.

Bild 4: Dann mit beiden Händen das Mehl von außen nach innen zusammenschieben und mit der Eiermischung vermengen.

Bild 5: Das Mehl nach und nach einkneten. Wenn der Teig zu fest wird, etwas Wasser zufügen und unterarbeiten.

Bild 6: Den Teig etwa 10 Minuten kneten. Dabei jeweils mit dem Handballen flachdrücken, zusammenlegen und wieder flachdrükken, bis der Teig glatt, glänzend und elastisch ist.
Den Teig in Folie gewickelt 1–2 Stunden ruhen lassen, ehe er weiterverarbeitet wird.

Die Herstellung von Nudelteig mit der Küchenmaschine

Eine gute Küchenmaschine mit Knethaken kann bei der Teigzubereitung eine große Hilfe sein. Das Mehl wird dafür mit den Eiern, dem Salz und dem Olivenöl in die Rührschüssel gegeben. Nun läßt man die Zutaten mit dem Knethaken so lange bearbeiten, bis ein fester Teigballen entstanden ist. Sollte er für die Maschine zu fest sein, kann man nach und nach einige Löffel Wasser zusetzen. Den Teigkloß aus der Maschine nehmen und auf der bemehlten Arbeitsfläche mit der Hand noch einmal kräftig durchkneten, bis er eine glatte Oberfläche hat. Den Teig wie beschrieben ruhen lassen.

Nudeln hausgemacht

Das Ausrollen und Schneiden von hausgemachten Nudeln

Ob man die Nudeln mit dem Rollholz ausrollt und mit dem Messer schneidet oder dazu eine Nudelmaschine verwendet, beeinflußt die Qualität nicht, vorausgesetzt, man rollt die Nudeln bei der Handarbeit nicht zu dick aus. Auch die Zeitfrage ist nicht entscheidend, denn das Bearbeiten des Teiges mit der Maschine dauert ebenso lang wie die Behandlung mit Rollholz und Messer.

Bild 1: Den »entspannten« Nudelteig (er sollte vor der Weiterverarbeitung mindestens 1 Stunde ruhen) auf der leicht bemehlten Arbeitsplatte in zwei Portionen dünn ausrollen. Dabei mit dem Rollholz abwechselnd von links nach rechts und von oben nach unten rollen, damit er gleichmäßig dünn wird.

Bild 2: Den Teig zusammenfalten. Die Teigplatte wird dafür mit Mehl oder noch besser mit feinem Grieß bestreut und beidseitig von außen nach innen eingeschlagen.

Bild 3: Diesen Streifen dann zu Nudeln schneiden, zum Beispiel zu Fettuccine von 4–5 mm Breite. Sie werden anschließend locker auf ein Tuch zum Trocknen gestreut.

Bild 4: Je nach Fabrikat haben die handbetriebenen Nudelmaschinen jeweils zwei verstellbare glatte Walzen zum Ausrollen des Teiges. Dafür wird der Teig zu einem langen Strang geformt und mit dem weitestmöglichen Abstand durch die Maschine gedreht. Den Zwischenraum enger stellen und den Teig nochmals durchdrehen. So fortfahren, bis man die gewünschte Stärke erreicht hat.

Bild 5: Die ausgerollten Teigstreifen sollen etwas abtrocknen (aber keinesfalls zuviel, weil sie sonst brechen), bevor sie mit der Maschine geschnitten werden. Je nach Fabrikat haben die Nudelmaschinen durchgehende Walzen für eine Nudelsorte oder es können mit einer Walze zwei verschiedene Breiten geschnitten werden. Die nicht gebrauchte Seite wird mit einem Plastikteil verschlossen; der Teigstreifen wird durchgedreht und dabei in die gewünschte Nudelbreite geschnitten. In diesem Falle sind es wieder Fettuccine.

Bild 6: Die Nudeln können nun zum Trocknen zu Nestern geformt werden. Sehr praktisch ist es, die Nudeln vorher portionsweise abzuwiegen (eine Portion etwa 80 bis 100 g). Man sollte sie dann aber mindestens über Nacht trocknen lassen. Schneller geht es, wie auf dem Bild ersichtlich, wenn sie locker auf ein ausgebreitetes Tuch gestreut werden.

Variante: Vollkornnudeln

Diese Nudeln schmecken kräftiger und sättigen nachhaltig.

400 g Weizen
1 Eßl. Sojamehl
2 Eier
2 Teel. Kräutersalz
3 Eßl. Sonnenblumenöl
5 Eßl. warmes Wasser

Den Weizen in der Getreidemühle mehlfein mahlen. Damit die Nudeln nicht zu schwer und hart werden, so viel von der Kleie absieben, daß noch 300 g Mehl übrig bleiben. Das Mehl mit dem Sojamehl mischen und auf eine glatte Arbeitsfläche häufen. In die Mitte eine Mulde drücken. Die Eier, das Kräutersalz, das Öl und das Wasser hineingeben. Den Teig wie den gewöhnlichen Nudelteig zubereiten (sollte er zu weich werden, noch etwas Mehl zufügen) und kneten, bis er geschmeidig ist und nicht mehr klebt. Eine Kugel formen, dünn mit Öl bestreichen und unter einer angewärmten Schüssel 1 Stunde ruhen lassen.

Fettuccine Alfredo

Ein Paradebeispiel von Einfachheit und geschmacklich höchstem Niveau zugleich, aber auch ein Beispiel dafür, daß nur beste Zutaten zu einem guten Ergebnis führen. Deshalb sollten Sie in diesem Fall hausgemachte Nudeln verwenden.

Zutaten für 4 Portionen:
300 g Fettuccine
reichlich Salzwasser
60 g Butter
120 g Parmesan,
frisch gerieben
¼ l Sahne
Salz
weißer Pfeffer,
frisch gemahlen
1 Prise Muskatnuß,
frisch gerieben

Zubereitungszeit: 20 Minuten

Die Fettuccine in reichlich sprudelndem Salzwasser »al dente« kochen.
Die Butter in einer großen Kasserolle zerlassen und die gut abgelaufenen Nudeln darin kurz schwenken. Dann den feingeriebenen Parmesan zugeben und mit 2 Gabeln untermischen. Die Sahne darübergießen und durch ständiges Wenden der Nudeln gut unterheben. Mit Salz, Pfeffer und etwas Muskatnuß würzen. Sofort servieren.

Variante: Fettuccine mit Sardellen und Knoblauch

Zutaten für 4 Portionen:
300 g Fettuccine
Salzwasser
⅛ l Olivenöl
1 kleine Pfefferschote
(Peperoncino)
12 Sardellenfilets
2 Knoblauchzehen
2 Eßl. gehackte Petersilie
40 g Kapern

Zubereitungszeit: 20 Minuten

Die Fettuccine in reichlich Salzwasser »al dente« kochen und in einem Sieb ablaufen lassen.
Das Olivenöl in einer Pfanne erhitzen. Die Pfefferschote halbieren, entkernen und im heißen Öl etwa 2 Minuten braten. Die Sardellenfilets feinhacken und mit den zerdrückten Knoblauchzehen in die Pfanne geben. Unter Rühren kurz mitdünsten. Dann die Petersilie und die Kapern zufügen, durchrühren und die Mischung auf die Fettuccine verteilen. Sofort servieren.

Variante: Fettuccine mit Kräutern

Dieses Gericht ist schnell zubereitet und kann durch verschiedene Kräuter immer wieder variiert werden.

Zutaten für 4 Portionen:
4 Tomaten
2 Zwiebeln
2 Knoblauchzehen
4 Eßl. Öl
2 Eßl. Butter
2 Eßl. gehackte Kräuter
(Petersilie, Basilikum und Salbei)
1 Messerspitze Salz
weißer Pfeffer, frisch gemahlen
500 g Fettuccine
Salzwasser
Parmesan, frisch gerieben

Zubereitungszeit: 20 Minuten

Die Tomaten kurz mit kochendem Wasser überbrühen, enthäuten und halbieren. Kerne und Stengelansätze entfernen und das Tomatenfleisch würfeln. Die Zwiebeln und die Knoblauchzehen schälen und feinhacken.
Das Öl und die Butter erhitzen, die Zwiebeln und den Knoblauch darin glasig dünsten. Die Kräuter und Tomatenwürfel dazugeben, mit Salz und Pfeffer würzen und 2 Minuten köcheln lassen.
Die Fettuccine in reichlich Salzwasser »al dente« kochen (7–8 Minuten) und unter die Würzmischung heben.
Mit Parmesan bestreut servieren.

Bandnudeln mit Walnußsauce

Tagliatelle al sugo di noci

Zutaten für 4 Portionen:
200 g Walnußkerne (etwa 500 g Walnüsse in der Schale)
½ Teel. Salz
weißer Pfeffer, frisch gemahlen
10 frische Basilikumblätter
½ Knoblauchzehe
2–3 Eßl. Sahne
¼ l Olivenöl
400 g Bandnudeln
Salzwasser
gehackte Basilikumblätter oder Petersilie zum Bestreuen

Zubereitungszeit: 40 Minuten

Für diese Sauce sollte man möglichst frische Walnußkerne nehmen und die Mühe nicht scheuen, die Nüsse dafür zu knacken. Die Walnußkerne in einem Mörser fein zerstoßen und mit Salz und Pfeffer würzen. Dann nach und nach die Basilikumblätter und die zerdrückte Knoblauchzehe zugeben und alles zu einer glatten Paste verarbeiten. Nach und nach die Sahne darunterrühren.
Die Walnußmasse in eine große Schüssel geben und tropfenweise das Olivenöl mit einem Handrührgerät unterrühren. Das muß ganz langsam geschehen, weil die Sauce sonst gerinnen könnte, ähnlich wie bei der Herstellung von Mayonnaise.
Die Bandnudeln in reichlich Salzwasser nicht zu weich kochen und kalt abbrausen. Die kalte Sauce dazu servieren und mit gehackten Basilikumblättern oder Petersilie bestreuen.

Bandnudeln mit Zucchini

Tagliatelle con le zucchine

Zutaten für 4 Portionen:
500 g Zucchini
1 kleine Zwiebel
1 Knoblauchzehe
6 Eßl. Olivenöl
½ Teel. Salz
schwarzer Pfeffer, frisch gemahlen
1 Teel. gehacktes Basilikum
2 Teel. gehackte Petersilie
400 g Bandnudeln
Salzwasser
frisch geriebener Parmesan

Zubereitungszeit: 30 Minuten

Die Zucchini waschen und in 2–3 mm dicke Scheiben schneiden. Die Zwiebel und die Knoblauchzehe schälen, beides feinhacken.
Das Öl in einer Pfanne erhitzen und die Zucchinischeiben darin portionsweise braten (etwa 6–8 Minuten), bis sie etwas Farbe angenommen haben.
In einer Pfanne 2 Eßlöffel von dem Bratöl erhitzen, die Zwiebel mit dem Knoblauch darin dünsten und die Zucchinischeiben dazugeben. Das Salz, Pfeffer, das Basilikum und die Petersilie zufügen und alles bei starker Hitze 2–3 Minuten braten.
Die Bandnudeln in reichlich Salzwasser »al dente« kochen und abgetropft mit den Zucchini servieren. Mit Parmesan bestreuen.

Variante: Nudelauflauf mit Zucchini

Das Rezept »Bandnudeln mit Zucchini« läßt sich ganz vorzüglich in einen Auflauf verwandeln. Dafür werden die Nudeln und die nach dem nebenstehenden Rezept zubereiteten Zucchini schichtweise in eine mit Öl ausgestrichene Auflaufform gefüllt. 50 g geriebener Parmesan wird mit 50 g Semmelbröseln und 1 Eßlöffel gehackter Petersilie vermischt und darübergestreut. Mit 50 g Butter in kleinen Flöckchen belegt und im Backofen bei 200° auf der mittleren Schiene 15 Minuten überbacken.

Nudeln mit kleinen Garnelen

Tagliatelle con i gamberetti

Zutaten für 4 Portionen:
400 g Tagliatelle
oder Fettuccine
Salzwasser
300 g frische Shrimps
(kleine Garnelen)
¼ l Sahne
Salz
weißer Pfeffer, frisch gemahlen
1 Eßl. gehackte Petersilie

Zubereitungszeit: 40 Minuten

Die Nudeln im Salzwasser sprudelnd »al dente« kochen und in einem Sieb ablaufen lassen.
Die Shrimps im Salzwasser 2 bis 3 Minuten kochen, dann das Wasser abgießen und die Shrimps aus den Schalen lösen.
Die Sahne in einer Kasserolle etwa 6–8 Minuten einkochen lassen. Dann die Shrimps zugeben. Mit Salz, Pfeffer und der Petersilie würzen und nochmals 5–6 Minuten kochen lassen.
Die Sauce mit den Nudeln mischen und sofort servieren.

Nudeln mit Krabbensauce

Tagliatelle del cardinale

Zutaten für 4 Portionen:
100 g Butter
1 Knoblauchzehe
200 g geschälte Shrimps
oder Krabben
200 g enthäutete,
durchpassierte Tomaten
½ Teel. Salz
schwarzer Pfeffer,
frisch gemahlen
6 Eßl. trockener Weißwein
1 Eßl. gehackte Petersilie
400 g Tagliatelle
Salzwasser
80 g Parmesan, frisch gerieben

Zubereitungszeit: 30 Minuten

Die Butter in einer Pfanne zerlassen und die feingehackte Knoblauchzehe darin andünsten. Die Shrimps oder die Krabben dazugeben und 2–3 Minuten bei starker Hitze unter Rühren anbraten. Dann das Tomatenpüree, das Salz, Pfeffer und den Weißwein hinzufügen, zuletzt die gehackte Petersilie. Alles 15–20 Minuten bei schwacher Hitze köcheln lassen.
Die Nudeln »al dente« kochen und abseihen.
Die Krabbensauce mit den Nudeln servieren. Den Käse extra reichen.

Variante: Fettuccine mit Erbsen und Scampi

1 große Zwiebel
2 Eßl. Butter
250 g Erbsen
⅛ l Fisch- oder Fleischbrühe
1 Teel. Salz
weißer Peffer, frisch gemahlen
150 g Scampi
⅛ l frische Sahne
1 Eßl. gehackte Petersilie
400 g Fettuccine
Salzwasser
Parmesankäse, frisch gemahlen

Zubereitungszeit: etwa 30 Minuten

Die Zwiebel schälen und sehr fein hacken.
Die Butter in einer Kasserolle zerlaufen lassen und die Zwiebel darin bei ganz schwacher Hitze in 15 Minuten hellgelb dünsten. Die Erbsen und die Fisch- oder Fleischbrühe zugeben, mit Salz und Pfeffer würzen. Bei schwacher Hitze etwa 10 Minuten kochen lassen.
Die Scampi in dickere Scheiben schneiden und etwa 4–5 Minuten mit den Erbsen ziehen lassen.
Die Sahne einrühren, die Petersilie zugeben und das Ganze noch einige Minuten köcheln lassen.
Die Nudeln »al dente« kochen, abseihen und mit den Scampi vermischen. Sofort servieren.

Trenette mit Basilikumsauce

Trenette al pesto

Pesto, die berühmte Genueser Basilikumsauce, gibt es zwar an der ganzen Riviera, aber vermutlich haben Kaufleute aus Genua ihre Erfindung angeregt. Deshalb schwören die Genueser darauf, daß nur sie das Originalrezept besitzen. Diese beliebteste aller Teigwarensaucen paßt vor allem zu Trenette.

Zutaten für 4 Portionen:
4 Knoblauchzehen
50 g Pinienkerne
1 gehäufter Teel. Salz
120 g frische Basilikumblätter
50 g Pecorino (→ Seite 92)
80 g Parmesan
¼ Teel. schwarzer Pfeffer, frisch gemahlen
⅛ l Olivenöl (extra vergine)
400 g Trenette
Salzwasser

Zubereitungszeit: 60 Minuten

Die Knoblauchzehen schälen, kleinschneiden und mit den Pinienkernen und dem Salz im Mörser fein zerstoßen. Die Basilikumblätter waschen und trockentupfen, zerkleinern und ebenfalls in den Mörser geben. Alles so lange stoßen, bis eine cremige Masse entstanden ist. Dann den gesamten zerbröckelten Käse unterarbeiten. Zum Schluß den Pfeffer und das Olivenöl unterrühren. Wünscht man den Pesto etwas milder, kann man statt der Mischung aus Parmesan und Pecorino auch nur Parmesan verwenden.
Die Trenette in reichlich Salzwasser in 8–10 Minuten »al dente« kochen.
Den Pesto gut unter die Nudeln heben und das Gericht sofort servieren.

Mein Tip: Pesto kann man auch auf Vorrat zubereiten und einfrieren. Dafür die Sauce wie im Rezept für Trenette mit Basilikumsauce beschrieben zubereiten, aber nur 2 Knoblauchzehen, die halbe Menge Salz und keinen Käse zufügen. Nur so viel Olivenöl zugeben, daß die Masse fest bleibt. Den Pesto in einen Plastikbehälter einfüllen und luftdicht verschlossen einfrieren.
Vor der Verwendung 2 Knoblauchzehen mit dem restlichen Salz zerdrücken und mit dem Käse unter den aufgetauten Pesto rühren.

Variante: Trenette mit Zwiebelsauce

300 g Zwiebeln
120 g gekochter Schinken
4 Salbeiblätter
50 g Butter
1 Teel. Salz
je 1 Messerspitze Zucker und gemahlener Pfeffer
⅛ l Fleischbrühe
⅛ l Sahne
400 g Trenette
Salzwasser
80 g Parmesan, frisch gerieben

Zubereitungszeit: etwa 60 Minunten

Die Zwiebel schälen und in Würfel schneiden. Den Schinken ebenfalls würfeln. Die Salbeiblätter waschen und zerpflücken.
Die Butter in einer Pfanne zerlaufen lassen, die Zwiebeln und den Salbei dazugeben und bei schwacher Hitze etwa 20 Minuten dünsten. Die Zwiebeln dürfen keinesfalls Farbe annehmen. Mit dem Salz, dem Zucker und dem Pfeffer würzen und die Fleischbrühe angießen. Die Sauce nun etwa 12–15 Minuten bei schwacher Hitze kochen lassen.
In der Zwischenzeit die Nudeln »al dente« kochen.
Die Sahne und den Schinken unter die Zwiebeln rühren und noch einige Minuten ziehen lassen. Die Nudeln abseihen. Die Sauce zu den Nudeln servieren. Mit frisch geriebenem Parmesan überstreuen.

Trenette mit Meeresfrüchten

Trenette frutti di mare

Ein Nudelgericht dieser Qualität kann natürlich auch Bestandteil, also Vorspeise, eines opulenten Menüs sein. Dann reichen die angegebenen Mengen der Zutaten im folgenden Rezept auch für 8 Personen.
Im übrigen ist die Zusammenstellung der Meeresfrüchte natürlich vom Angebot abhängig und kann durchaus variiert werden. Hauptsache: es sind absolut frische Produkte.

Zutaten für 4 Portionen:
2 Möhren
1 Stange Bleichsellerie
1 Petersilienwurzel
2 Eßl. Öl · ½ l Wasser
4 Kalmare (Tintenfische)
4 Jakobsmuscheln
350 g Trenette oder Fettuccine
Salzwasser · 4 Scampis
8 Garnelen (große Shrimps)
80 g Butter
Für die Sauce:
200 g Sahne · 120 g Gorgonzola
weißer Pfeffer, frisch gemahlen
1 Prise Muskatnuß,
frisch gerieben

Zubereitungszeit: 60 Minuten

Die Möhren, den Sellerie und die Petersilienwurzel putzen und in kleine Würfel schneiden.
In einer großen Kasserolle das Öl erhitzen und das gewürfelte Wurzelgemüse darin etwa 4–5 Minuten andünsten. Das Wasser zugießen und aufkochen lassen. Die Kalmare 5–7 Minuten in dem Sud kochen.
Die frischen Jakobsmuscheln aus den Schalen lösen und in einen Schaumlöffel geben. Diesen etwa 2 Minuten in den kochenden Sud halten.
Die Jakobsmuscheln und die Kalmare in Scheiben schneiden.
Die Trenette inzwischen in reichlich Salzwasser »al dente« kochen.
Die Scampis und Garnelen aus den Schalen brechen und bei den Scampis durch einen Einschnitt auf der Rückseite den dunklen Darm entfernen. Dadurch drehen sich die Scampi dann beim Braten spiralförmig auf.
In einer Pfanne die Butter erhitzen. Die Garnelen, die Scampis, die Kalmare und die Jakobsmuscheln darin goldbraun braten.
Für die Sauce die Sahne in einen Topf gießen und ungefähr bis zur Hälfte einkochen lassen. Dann mit einem kleinen Schneebesen den Käse flöckchenweise einrühren. Mit frisch gemahlenem Pfeffer und etwas Muskatnuß würzen.
Die heißen Trenette auf den Tellern verteilen, die gebratenen Meeresfrüchte darübergeben und mit der Gorgonzolasauce überziehen.

Variante: Nudelvorspeise mit Meeresfrüchten

Das nebenstehende Rezept kann in eine ganz delikate Vorspeise verwandelt werden, wenn es in Muschelschalen angerichtet, überbacken und dann serviert wird.
Die Muschelschalen werden dafür dick mit Butter ausgestrichen und in jede ein kleines Nest von Nudeln gelegt. Dahinein werden die gebratenen Meeresfrüchte gefüllt und diese anschließend mit der Gorgonzolasauce überzogen. Zusätzlich wird etwas frisch geriebener Parmesan darübergestreut und Butterflöckchen aufgelegt. Die Muschelschalen werden dann auf der mittleren Schiene bei 200° etwa 5–10 Minuten überbacken.

TORRE DI

Nudeln mit Bologneser Sauce

Pasta col ragù alla bolognese

Sicher neben der Pizza das berühmteste italienische Gericht. Wird von italienischer Pasta gesprochen, dann meint man auch zugleich »ragù alla bolognese«.

Zutaten für 4 Portionen:
1 kleine Zwiebel
1 Möhre
1 Stange Bleichsellerie
½ Petersilienwurzel
80 g Butter
300 g mageres Rindfleisch
⅛ l Fleischbrühe
2 Eßl. Tomatenmark
½ kleine Dose enthäutete
Tomaten (250 g)
½ Teel. Salz
schwarzer Pfeffer,
frisch gemahlen
1 Eßl. gehackte Petersilie
1 Teel. frischer Thymian
1 Teel. frisches Basilikum
⅛ l Rotwein
400 g Nudeln (Tripolini)
Salzwasser
80 g Grana padano (→Seite 92)
frisch gerieben
oder Parmesan

Zubereitungszeit: 1 Stunde und 40 Minuten

Das Rindfleisch durch die mittlere Scheibe des Fleischwolfs drehen. Die Zwiebel schälen und feinhaken. Die Möhre, die Selleriestange und die Petersilienwurzel putzen und in ganz kleine Würfel schneiden.

Die Butter in einer großen Kasserolle erhitzen. Das vorbereitete Gemüse in der Butter andünsten und dann das durchgedrehte Rindfleisch darin bei ganz starker Hitze anbraten. Mit der Fleischbrühe aufgießen. Das Tomatenmark und die Tomaten aus der Dose zufügen und mit dem Salz, Pfeffer, der Petersilie, dem Thymian und dem Basilikum würzen. Alles noch einmal aufkochen lassen und dann zugedeckt bei ganz kleiner Flamme 40–50 Minuten schmoren.

Das Ragout dann mit dem Rotwein auffüllen und nochmals 5–10 Minuten weiterschmoren lassen.

In der Zwischenzeit die Nudeln im Salzwasser »al dente« kochen und in einem Sieb ablaufen lassen.

Die Nudeln mit der Sauce und dem geriebenen Käse servieren.

Variante: Grüne Bandnudeln mit Bologneser Sauce

Eine ganz hervorragende Variante, der klassischen Bologneser Sauce, die ganz besonders gut zu den grünen Nudeln schmeckt: die Sauce mit 1 Lorbeerblatt, 1 Gewürznelke und 1 gehackten Knoblauchzehe zubereiten. Unter die fertige Sauce ⅛ l Sahne rühren und die Sauce noch einige Minuten durchziehen lassen. Dadurch wird sie etwas sämiger und milder im Geschmack. Vor dem Servieren das Lorbeerblatt und die Gewürznelken wieder entfernen. Die Sauce zu »al dente« gekochten Tagliatelle verdi (grünen Bandnudeln) servieren und mit frisch geriebenem Parmesan bestreuen.

Mein Tip: Statt der frischen Kräuter können Sie auch getrocknete verwenden, dann aber nur die Hälfte der angegebenen Mengen verwenden.

Käse-Makkaroni

Maccheroni ai quattro formaggi

Daß Nudeln und Käse hervorragend miteinander harmonisieren, ist altbekannt. Für die italienische Pasta werden oft auch zwei Sorten verwendet, zum Beispiel wird der Parmesan mit dem Mozzarella (→Seite 92) gemischt. Bei folgendem Rezept werden sogar 4 verschiedene Käsesorten verwendet, und zwar mit größtem geschmacklichem Erfolg. – Als Vorspeise ist die angegebene Menge der Zutaten im Rezept ausreichend für 6–8 Portionen.

Zutaten für 4 Portionen:
80 g Provolone (→Seite 92)
80 g Fontina (→Seite 92)
80 g Caciocavallo (→Seite 92)
⅛ l Milch
Salzwasser
500 g Makkaroni
60 g Butter
60 g Parmesan, frisch gerieben
gehackte Petersilie

Zubereitungszeit: 30 Minuten

Die ersten drei Käsesorten feinraspeln oder in kleine Würfel schneiden. Dann in eine Schüssel geben. Die Milch erhitzen und über den Käse gießen. Die Käse-Milch-Mischung 30 Minuten stehen lassen.
In der Zwischenzeit Salzwasser zum Kochen bringen und die Makkaroni darin in 10–12 Minuten »al dente« kochen. In einem Durchschlag ablaufen lassen.
Die Butter in einer großen und tiefen Pfanne zerlassen und die abgelaufenen Makkaroni darin schwenken. Die Milch mit dem eingeweichten Käse und dem feingeriebenen Parmesan darübergeben. Die Nudeln bei Hitze erwärmen, bis der Käse geschmolzen ist. Sofort, eventuell mit gehackter Petersilie bestreut, servieren.

Variante: Makkaroni mit Gorgonzola

Zutaten für 4 Portionen:
200 g Gorgonzola (→Seite 92)
⅛ l Milch
⅛ l Crème fraîche
½ Teel. Salz
weißer Pfeffer, frisch gemahlen
1 Teel. scharfes Paprikapulver
Salzwasser
400 g Makkaroni

Zubereitungszeit: 20 Minuten

Vom Gorgonzola die Rinde sehr sorgfältig abschneiden und den Käse in kleine Würfel schneiden. Mit der Milch in einen Topf geben und langsam erhitzen, bis der Käse geschmolzen ist. Dann die Crème fraîche nach und nach unterrühren, bis eine cremige Masse entstanden ist. Mit dem Salz, Pfeffer und dem Paprika würzen.
Die inzwischen in reichlich Salzwasser »al dente« gekochten Makkaroni zugeben und so lange durchmischen, bis die Sauce gleichmäßig verteilt ist. Sofort servieren.
Als Vorspeise reicht die angegebene Menge für 6 Personen.

Teigwaren mit Sardinensauce

Pasta con le sarde

Von Sizilien, und zwar aus der Region um Palermo, stammt diese feine Teigwarensauce. Hier sind ausschließlich Zutaten vereinigt, die den Sizilianern von alters her zur Verfügung standen. Im Originalrezept wird wilder Fenchel verwendet. Dieser kann ersatzweise gegen den Kulturfenchel ausgetauscht werden.
Die Sardinensauce paßt zu allen Teigwaren, in Sizilien wird sie jedoch vorzugsweise zu Makkaroni gereicht.

Zutaten für 4 Portionen:
300 g wilder Fenchel
½ Teel. Salz
1 l Wasser
1 Zwiebel
2 Sardellenfilets
400 g frische Sardinen
2 Eßl. feinstes Olivenöl
¼ Teel. Salz
schwarzer Pfeffer,
frisch gemahlen
1 Messerspitze Safran
25 g Rosinen
25 g Pinienkerne
400 g Makkaroni

Zubereitungszeit: 1 Stunde und 15 Minuten

Den gewaschenen Fenchel in dem leicht gesalzenen Wasser weichkochen. Dann abtropfen lassen, in ein Tuch geben, das restliche Wasser herausdrücken und den Fenchel mit dem Wiegemesser feinhacken. Das Kochwasser aufbewahren. Die Zwiebel schälen und ebenfalls feinhacken. Die Sardellenfilets kleinschneiden. Die Sardinen ausnehmen, dabei Kopf, Rückgrat und Schwanz entfernen. Die Sardinen in Stücke schneiden.
Das Öl in einer Pfanne erhitzen, die feingehackte Zwiebel darin glasig andünsten und die kleingeschnittenen Sardellenfilets unterrühren. Die Sardinen zufügen. Dann den vorbereiteten Fenchel dazugeben, mit dem Salz, Pfeffer und dem Safran würzen. Die Rosinen und die Pinienkerne zufügen. Die Sardinensauce etwa 10 Minuten kochen lassen.
In der Zwischenzeit die Makkaroni in mit dem Fenchelkochwasser aufgefülltem Salzwasser nicht zu weich kochen und abseihen.
Die Nudeln mit der Sauce vermischen. Noch einige Minuten bei schwacher Hitze ziehen lassen.

Variante: Makkaroniauflauf

Aus demselben Rezept mit gleichen Mengen kann man auch einen sehr wohlschmeckenden Auflauf – ebenfalls für 4 Personen – zubereiten: Dafür eine große Auflaufform mit 40 g Butter ausstreichen. Eine Schicht »al dente« gekochte Makkaroni einfüllen, mit Sardinensauce bestreichen, darauf wieder Makkaroni geben. So fortfahren, bis alle Zutaten aufgebraucht sind. Als oberste Schicht Makkaroni einfüllen. Den Auflauf mit 100 g geriebenem Caciocavallo (→Seite 92) überstreuen und mit Butterflöckchen belegen. Bei 220° im vorgeheizten Backofen auf der mittleren Schiene 30–35 Minuten backen. – Die Zubereitungszeit verlängert sich um die Backzeit für den Auflauf; sie beträgt dann etwa 1 Stunde und 45 Minuten.

Nudeln nach Art der Pizzabäcker

Mezzani alla pizzaiola

Diese Zusammenstellung stammt aus Süditalien. In Neapel wird ein Fleischgericht »bistecca alla pizzaiola« genannt, bei dem das Fleisch in einer Sauce geschmort wird, das an den Geschmack der Pizza erinnert. Wenn man statt der Rumpsteaks kleine, dünne Fleischscheiben verwendet, ergibt diese Sauce eine ideale Ergänzung für Teigwaren.

Zutaten für 4 Portionen:
400 g Mezzani (oder Makkaroni)
Salzwasser
400 g Rindfleisch
(Filet oder Hochrippe)
1 Knoblauchzehe
½ Zwiebel
30 g Kapern
3 Eßl. Olivenöl
1 Teel. Salz
schwarzer Pfeffer,
frisch gemahlen
1 Eßl. gehackte Petersilie
1 Teel. gehackter Oregano
1 kleine Dose enthäutete
Tomaten (500 g)
80 g Parmesan, frisch gerieben

Zubereitungszeit: 50 Minuten

Die Mezzani oder Makkaroni im Salzwasser »al dente« kochen und abtropfen lassen.
Das Rindfleisch in feine, kleine Scheiben schneiden. Die Knoblauchzehe und die Zwiebel schälen, beides feinwürfeln. Die Kapern hacken. Das Olivenöl in einer Pfanne erhitzen und das Rindfleisch in kleinen Portionen bei ganz starker Hitze von allen Seiten anbraten. Dann die Knoblauchzehe, die Kapern, die Zwiebel, die Gewürze und die Kräuter zugeben.
Die Tomaten aus der Dose abtropfen lassen, das Fruchtfleisch etwas zerkleinern und zum Fleisch geben. 6–8 Minuten bei mittlerer Hitze schmoren lassen. Das Fleisch in der Sauce zu den Nudeln servieren. Mit frisch geriebenem Parmesan bestreuen.

Variante: Makkaroni nach Art der Pizzabäcker mit Pilzen

Nachdem das Fleisch angebraten ist, gibt man dem Gericht 250 g geputzte und in Scheiben geschnittene Champignons oder noch besser Pfifferlinge bei. Das Gericht wird dann fertiggestellt wie im vorangegangenen Rezept beschrieben. Es ist ebenfalls ausreichend für 4 Personen.

Variante: Makkaroniauflauf »pizzaiola«

Das vorangegangene Rezept mit »Mezzani alla pizzaiola« kann spielend leicht abgewandelt werden in einen deftigen, rustikalen Auflauf. Die Zutaten sind die gleichen, ergänzt durch Olivenöl zum Ausstreichen der Backform und 200 g Mozzarella. Eine entsprechend große Auflaufform wird mit Olivenöl ausgestrichen. Die »al dente« gekochten Makkaroni läßt man sehr gut abtropfen und füllt etwa ⅓ davon in die Form. Darauf kommt die Hälfte der Pizzaiolafüllung, die gut verstrichen wird und darüber die Hälfte des in Scheiben geschnittenen Mozzarella. Das zweite Drittel Nudeln darübergeben, dann wieder eine Schicht Pizzaiolafülle, darauf die restlichen Käsescheiben und zum Schluß die übrigen Makkaroni. Die Oberfläche mit frisch geriebenem Parmesan bestreuen und mit reichlich Olivenöl beträufeln.
Der Auflauf wird auf der mittleren Schiene bei 200–220° etwa 20–25 Minuten gebacken.

Safrannudeln mit Fenchel

Pasta col finocchio

Zutaten für 4 Portionen
250 g Fenchel
4 Eßl. Olivenöl
1 große Zwiebel
½ Knoblauchzehe
50 g geschälte,
gehackte Mandeln
50 g Pinienkerne
30 g Korinthen
¼ Teel. Salz
reichlich weißer Pfeffer,
frisch gemahlen
2–3 Eßl. Weißwein
¼ Teel. Safran
400 g Nudeln (Penne)

Zubereitungszeit: 50 Minuten

Den Fenchel putzen, in reichlich Salzwasser weich kochen (das dauert etwa 20 Minuten), herausnehmen und abkühlen lassen. (Das Kochwasser aufbewahren). Dann in kleine Würfel schneiden.
Das Olivenöl in einer Pfanne erhitzen, die sehr feingehackte Zwiebel und den zerdrückten Knoblauch darin anbräunen. Die Mandeln, die Pinienkerne, die Korinthen und den Fenchel zugeben, dann das Salz und den Pfeffer. Zum Schluß den Weißwein zusetzen und das Ganze einige Minuten köcheln lassen.
In dem Fenchel-Kochwasser den Safran auflösen, das Wasser zum Kochen bringen und die Nudeln darin in etwa 12–15 Minuten »al dente« kochen, in einen Durchschlag geben und gut ablaufen lassen. Dann mit der Gemüsemischung in der Pfanne vermischen, nochmals kurz erhitzen und sofort servieren.

Mein Tip: Nicht nur, weil Safran zu den teuersten Gewürzen der Welt gehört, sollten Sie nur kleinste Mengen davon kaufen, sondern auch deshalb, weil er nur begrenzt haltbar ist, das heißt, »würzfähig« bleibt.

Variante: Bucatini mit Spargel

Zutaten für 4–6 Portionen
400 g Bucatini
400 g grüner oder
weißer Spargel
300 g Tomaten
6 Eßl. Olivenöl
½ Teel. Salz
weißer Pfeffer,
frisch gemahlen
Parmesankäse, frisch gerieben

Zubereitungszeit: 50 Minuten

Die Bucatini in leicht gesalzenem Wasser in etwa 12 Minuten »al dente« kochen, in ein Sieb schütten und abtropfen lassen.
Den Spargel schälen und in etwa 4–5 cm lange Stücke schneiden.
Die Tomaten kurz in kochendem Wasser blanchieren, die Haut abziehen und das Fruchtfleisch in kleine Würfel schneiden, dabei den Stielansatz entfernen.
Das Olivenöl in einer Kasserolle erhitzen, die Spargelstücke und die Tomatenwürfel zugeben, salzen und mit viel Pfeffer bestreuen. Etwa 8–10 Minuten im offenen Topf schmoren lassen, dabei darf der Spargel aber nicht zerfallen. Dann die Bucatini zugeben und das Ganze wieder erhitzen. Mit Parmesankäse bestreuen und sofort servieren.

Variante: Trenette mit Blumenkohl

1 mittelgroßen Blumenkohl in Röschen zerteilen und waschen. Den Strunk entfernen. Den Blumenkohl in Salzwasser knapp gar kochen, dann abseihen. Eine kleine Zwiebel schälen und feinhakken. In einer Pfanne 2 Eßlöffel Öl mit 1 Eßlöffel Butter erhitzen, die Zwiebel darin hellgelb dünsten und den abgetropften Blumenkohl hinzufügen, alles leicht pfeffern. 80 g Pinienkerne und 50 g Rosinen dazugeben und kurz mitbraten lassen. 400 g Trenette oder ähnliche Nudeln in Salzwasser »al dente« kochen, abseihen und mit dem Blumenkohl vermischt servieren.

Nudeln mit Tomatensauce

Penne rigate con salsa napoletana

Zutaten für 4 Portionen:
400 g Penne rigate
(oder andere Röhrennudeln)
Salzwasser
80 g gekochter Schinken
2 Eßl. Olivenöl
1 kleine Dose enthäutete
Tomaten (500 g)
2 Knoblauchzehen
1 grüne oder rote Paprikaschote
60 g entsteinte schwarze Oliven
1 Eßl. gehackte Kapern
4 Sardellenfilets
2 Eßl. gehackte Petersilie
½ Eßl. gehacktes Basilikum
½ Teel. Salz
1 Teel. Zucker
schwarzer Pfeffer
frisch gemahlen
⅛ l roter Landwein
80 g Grana padano,
frisch gerieben (→Seite 92)
oder Parmesan

Zubereitungszeit: 45 Minuten

Die Nudeln in sprudelndem Salzwasser »al dente« kochen und auf einem Sieb ablaufen lassen.
Den Schinken sehr klein würfeln. Das Olivenöl in einer Pfanne erhitzen und den Schinken darin leicht anbraten. Die Tomaten aus der Dose grobhacken und mit der Flüssigkeit hineingeben. Die Paprikaschoten halbieren, von den weißen Rippen und den Kernen befreien und klein würfeln. Die Schotenwürfel in die Pfanne geben. Die geschälten Knoblauchzehen durch die Knoblauchpresse dazudrücken. Die Oliven und Kapern zufügen. Alles 10–12 Minuten bei schwacher Hitze dünsten. Die Sardellenfilets hacken und mit der Petersilie, dem Basilikum, dem Salz, dem Zucker und Pfeffer in die Tomatensauce geben. Mit dem Rotwein aufgießen und weitere 5–8 Minuten köcheln lassen. Die Sauce mit dem geriebenen Käse zu den Nudeln servieren.

Tomatensauce

Salsa di pomodori

Dies ist eine einfache Tomatensauce, die sich hervorragend als Grundsauce zum Verfeinern mit Schinken, Gewürzen oder anderen geschmacksgebenden Zutaten eignet.

½ Zwiebel
1 Knoblauchzehe
1 kg reife Tomaten
5 Eßl. Olivenöl · 2 Teel. Salz
½ Teel. schwarzer Pfeffer,
frisch gemahlen
1 Eßl. gehackte Petersilie

Zubereitungszeit: 30 Minuten

Die Zwiebel feinhacken, die Knoblauchzehe zerdrücken. Die Tomaten in Stücke schneiden und die Stielansätze dabei entfernen. Das Öl in einer Kasserolle erhitzen und die Zwiebel und den Knoblauch darin einige Minuten hell anlaufen lassen. Die Tomaten dazugeben. Mit dem Salz, dem Pfeffer und der Petersilie würzen. Diese Sauce nun bei schwacher Hitze beliebig lange kochen lassen, auf alle Fälle aber so lange, bis die Tomaten vollkommen zerfallen sind. Nun kann man sie je nach Wunsch passieren oder noch weiter einkochen lassen oder auch mit den Kernen und Schalenresten verwenden.

Variante: Nudelauflauf

Mit dieser Grundsauce läßt sich auch ein ganz hervorragender Nudelauflauf zubereiten. Man verwendet dafür ebenfalls eine Röhrennudelsorte wie Makkaroni oder Penne und brät statt des Schinkens in dem Öl zuerst 250 g mageres, gehacktes Rindfleisch an. Dann wie im vorangegangenen Rezept weiterverfahren.
Den Backofen auf 200° vorheizen.
Die Sauce mit den Nudeln vermischen und in eine gebutterte Auflaufform füllen. Darüber geriebenen Käse streuen und Butterflöckchen daraufsetzen. Im Backofen auf der mittleren Schiene etwa 20 Minuten überbacken.
Dieses Rezept ist ebenfalls für 4 Personen ausreichend.

Bucatini mit Pilzen und Tomaten

Bucatini con funghi e pomodori

Zutaten für 4 Portionen:
400 g Bucatini
Salzwasser
350 g Champignons
oder andere Pilze
100 g Butter
½ Teel. Salz
schwarzer Pfeffer,
frisch gemahlen
½ feingehackte Zwiebel
1 kleine Dose enthäutete
Tomaten (500 g)
2 Eßl. gehackte Petersilie
100 g Grana padano
(→Seite 92) oder
Parmesan, frisch gerieben

Zubereitungszeit: 50 Minuten

Die Bucatini im Salzwasser »al dente« kochen und abtropfen lassen.
Die frischen Champignons sorgfältig putzen und in dünne Scheiben schneiden.
Die Butter in einer großen Kasserolle zerlaufen lassen, die Pilze zugeben, mit dem Salz und Pfeffer würzen. Die Zwiebel zufügen.
Die Pilze bei mittlerer Hitze etwa 5 Minuten dünsten. Die Tomaten aus der Dose in einem Sieb abtropfen lassen und das Fruchtfleisch durch das Sieb streichen. Das Tomatenpüree zu den Pilzen geben und bei mittlerer Hitze etwa 15 Minuten dünsten. Zuletzt die Petersilie darüberstreuen.
Die Pilze mit den Bucatini und frisch geriebenem Grana padano oder Parmesan servieren.

Bucatini mit Pilzen

Bucatini con i funghi

Zutaten für 4 Portionen:
400 g Bucatini
Salzwasser
400 g frische Pilze
(Pfifferlinge, Steinpilze
oder gemischte Pilze)
4 Eßl. Olivenöl
1 Knoblauchzehe
⅛ l Fleischbrühe
½ Teel. Salz
schwarzer Pfeffer,
frisch gemahlen
1 Eßl. feingehackte Petersilie

Zubereitungszeit: 45 Minuten

Die Bucatini im Salzwasser »al dente« kochen und abtropfen lassen.
Die Pilze sorgfältig putzen und wenn nötig kleinschneiden.
Das Öl in einer Pfanne erhitzen, die Knoblauchzehe schälen und in hauchdünne Scheibchen schneiden. Den Knoblauch in das Öl geben und anschließend die Pilze. Sie sollen bei schwacher Hitze langsam dünsten. Nach etwa 5 Minuten die Fleischbrühe zugießen, mit dem Salz und Pfeffer würzen und die gehackte Petersilie darüberstreuen.
Die Pilze mit den heißen Bucatini vermengen und servieren.

Variante: Nudelauflauf mit Schinken

Wie viele italienische Nudelgerichte kann man auch aus »Bucatini mit Pilzen und Tomaten« sehr leicht einen köstlichen Auflauf zubereiten. Durch die vielen Tomaten bleibt er besonders saftig und der zusätzlich beigefügte rohe Schinken gibt im geschmacklich noch eine besondere Note. Das Rezept wird genauso zubereitet, wie nebenstehend beschrieben. Eine Auflaufform wird mit Butter ausgestrichen und schichtweise mit Bucatini und Sauce gefüllt. Der Schinken wird feingewürfelt und dazwischen gestreut. Die Oberfläche wird dann mit dem Grana padano, der mit der gehackten Petersilie vermischt wurde, bestreut und zusätzlich werden einige Butterflöckchen aufgelegt. Bei 200–220° wird der Auflauf auf der mittleren Schiene etwa 20 Minuten überbacken. Für die Zubereitung dieses Gerichts benötigt man etwa 45 Minuten.

Lasagne mit Schinken

Lasagne al prosciutto

Ganz besonders fein schmeckt dieser Auflauf, wenn die Lasagneblätter in Fleischbrühe statt in Wasser gekocht werden. Daß man darüber hinaus nur luftgetrockneten Schinken verwenden sollte, versteht sich von selbst, weil starker Eigengeschmack von Räucherschinken das Ergebnis verfälschen würde.

Zutaten für 4 Portionen:
200 g Lasagneblätter
2 l Fleischbrühe
40 g weiche Butter
150 g luftgetrockneter Schinken
150 g Mozzarella · 4 Eier
100 g Parmesan oder
Grana padano (→Seite 92)
frisch gerieben
⅛ l Fleischbrühe · ½ Teel. Salz
schwarzer Pfeffer,
frisch gemahlen
Semmelbrösel zum Bestreuen
50 g Butter

Zubereitungszeit bei Verwendung von vorgefertigten Lasagneblättern: 60 Minuten

Die Lasagneblätter in der Fleischbrühe in 10–12 Minuten nicht zu weich kochen. In einem Durchschlag abtropfen lassen.
Eine große Auflaufform mit der Butter dick ausstreichen.
Den Schinken und den Mozzarella würfeln. Die Eier in einer Schüssel mit dem geriebenen Käse, den Schinken- und den Mozzarellawürfeln mischen. Die Fleischbrühe mit dem Salz und Pfeffer würzen und in die Eimischung rühren.
Den Backofen auf 200° vorheizen. Zunächst eine Schicht Lasagneblätter in die Form legen, darauf eine Schicht der Eiermischung gießen und darauf wieder Lasagneblätter geben. So fortfahren, bis sämtliche Zutaten aufgebraucht sind. Die Oberfläche dick mit Semmelbröseln bestreuen und mit Butterflöckchen belegen. Die Lasagne 30–35 Minuten im Backofen auf der mittleren Schiene backen.

Makkaroni-Omelette

Frittata di pasta

Ein Beispiel für hervorragende Resteverwertung. Es können auch andere Nudelsorten verwendet werden; mit den kräftigen Makkaroni schmeckt das Gericht allerdings ganz besonders gut.

Zutaten für 4 Portionen:
500 g gekochte, kalte Makkaroni
oder andere Teigwaren
4 Eier
180 g Grana padano (→Seite 92)
frisch gerieben · ½ Teel. Salz
weißer Pfeffer, frisch gemahlen
1 Eßl. gehackte Petersilie
120 g Butter

Zubereitungszeit: 50 Minuten

Die kalten Makkaroni in etwa 5–6 cm lange Stücke schneiden. Die Eier in eine Schüssel geben, den geriebenen Käse, das Salz, frisch gemahlenen Pfeffer und die gehackte Petersilie zugeben, gut verrühren.
Die Hälfte der Butter in einer Pfanne von 20–24 cm Durchmesser schmelzen. Die Hälfte der Makkaroni darin verteilen und dann die Hälfte der Eiermischung darübergießen. Die Nudelomelette bei schwacher Hitze ganz langsam garen. Zwischendurch vorsichtig mit einem Messer anheben und prüfen, ob sie schon braun ist. Die Omelette vorsichtig mit Hilfe eines Tellers wenden und wenn nötig noch etwas Butter hinzufügen. Auf der zweiten Seite ebenso knusprig hellbraun backen.
Die Omelette auf einen Teller gleiten lassen. Die zweite Omelette in gleicher Weise backen.
Dieses Omelette-Rezept kann man sehr leicht variieren, indem man feingewürfelten Schinken zusetzt oder eine gedünstete, gewürfelte Zwiebel und Paprikaschote.

Bianco Alca

Grüne Lasagne nach Bologneser Art

Lasagne verdi alla bolognese

Zutaten für 4 Portionen:
Für den Teig:
150 g Spinat
Salzwasser
300 g Mehl
3 Eier
½ Teel. Salz
2 Eßl. Öl
Mehl zum Ausrollen
Salzwasser
Für die Füllung:
je 60 g Sellerie, Möhre und Zwiebel
60 g Bauchspeck
500 g mageres Hackfleisch, halb und halb
1 Teel. Salz
schwarzer Pfeffer, frisch gemahlen
1 Eßl. gehackte Petersilie
½ l Fleischbrühe
1 große Dose enthäutete Tomaten (850 g)
Für die Béchamelsauce:
30 g Butter
2 Eßl. Mehl
½ l Milch · ½ Teel. Salz
weißer Pfeffer, frisch gemahlen
Muskatnuß, frisch gerieben
80 g Parmesan, frisch gerieben

Zubereitungszeit: 1 Stunde und 45 Minuten

Den Spinat verlesen und in Salzwasser etwa 5 Minuten kochen. Dann abseihen, gut ausdrücken und durch ein feines Sieb passieren. Das Mehl auf eine Arbeitsplatte sieben. Alle Zutaten für den Teig und den Spinat zufügen und einen Nudelteig bereiten (→Seite 40 f.). Je nach Beschaffenheit des Teiges eventuell etwas Mehl oder kaltes Wasser zufügen. Den Teig dann mindestens 60 Minuten zugedeckt im Kühlschrank ruhen lassen.
Mit dem Rollholz oder auch mit der Nudelmaschine den Teig dann zu Streifen ausrollen (→Seite 42 f.), die der Größe der Auflaufform entsprechen sollen. Die Lasagneblätter in reichlich Salzwasser »al dente« kochen. In einem Sieb dann abtropfen lassen.
Für die Füllung das Gemüse schaben oder schälen und feinhacken. Den Bauchspeck würfeln und in einer Kasserolle anbraten. Das Hackfleisch zugeben und ebenfalls bei starker Hitze anbraten. Dann das vorbereitete Gemüse zufügen, mit dem Salz und Pfeffer würzen und die gehackte Petersilie unterrühren. Mit der Brühe aufgießen und alles 20 Minuten bei mittlerer Hitze kochen lassen.
Dann die Tomaten aus der Dose mit der Flüssigkeit zufügen und die Sauce bei schwacher Hitze etwa 60–70 Minuten köcheln lassen. Die Flüssigkeit muß dann fast völlig eingekocht sein.
Für die Béchamelsauce die Butter in einer Kasserolle zerlaufen lassen, das Mehl zugeben und bei schwacher Hitze etwa 2–3 Minuten rühren. Dann nach und nach mit der Milch aufgießen und mit einem Schneebesen schlagen, bis die Sauce glatt ist. Mit dem Salz, Pfeffer und Muskat würzen. Die Sauce unter Rühren einmal aufkochen lassen und bei schwacher Hitze 20–30 Minuten köcheln lassen.
Den Backofen auf 200° vorheizen.
Den Boden einer Auflaufform mit Fleischsauce bedecken. Lasagneblätter darauf verteilen und Béchamelsauce darübergießen. So fortfahren, bis alle Zutaten aufgebraucht sind. Mit einer Schicht Béchamelsauce abschließen. Die Lasagne mit dem Parmesan bestreuen und im Backofen auf der mittleren Schiene in etwa 20 Minuten goldbraun überbacken.

Cannelloni

Diese gefüllten Teigrollen sind etwas zeitaufwendig in der Zubereitung. Deshalb sind die vorgefertigten Cannelloni sehr hilfreich. Sie werden in viel sprudelnd kochendem Salzwasser in 5–7 Minuten gar gekocht.
Hat man den Ehrgeiz, diese Teighüllen auch selbst zu machen, muß man Nudelteig (→Rezept Seite 41) sehr dünn ausrollen, zu Quadraten von 9×9 cm schneiden und diese dann nach kurzer Trockenzeit in ebenfalls 5–7 Minuten gar kochen. Die Teigquadrate auf einer Arbeitsplatte ausbreiten, mit Füllung belegen und aufrollen.

Zutaten für 4 Portionen:
20 Cannelloni
Für die Füllung:
2 Eßl. Öl
½ feingehackte Zwiebel
1 zerdrückte Knoblauchzehe
100 g Geflügelleber
300 g mageres Hackfleisch, halb und halb
250 g Spinat · heißes Wasser
2 Eßl. Butter · 1 Teel. Salz
schwarzer Pfeffer, frisch gemahlen
½ Teel. Oregano
½ Teel. Basilikum · 2 Eier
2 Eßl. alter Pecorino romano, frisch gerieben
Für die Béchamelsauce:
2 Eßl. Butter · 2 Eßl. Mehl
1 Tasse Milch · ½ Teel. Salz
weißer Pfeffer, frisch gemahlen
Für die Tomatensauce:
2 Eßl. Olivenöl
100 g feingehackte Zwiebel
½ zerdrückte Knoblauchzehe
1 kleine Dose italienische Tomaten (500 g)
½ Teel. Zucker · ½ Teel. Salz
frisches Basilikum
2 Eßl. Parmesan, frisch gerieben
2 Eßl. Butter

Zubereitungszeit bei Verwendung von vorgefertigten Teighüllen: 1 Stunde und 30 Minuten

Die Cannelloni in viel sprudelnd kochendem Salzwasser in 5 bis 10 Minuten »al dente« kochen.
Das Öl in einer großen Pfanne erhitzen und darin die feingehackte Zwiebel und die Knoblauchzehe andünsten. Die Geflügelleber in ganz feine Würfel schneiden und mit dem Hackfleisch in die Pfanne geben. Alles bei starker Hitze unter ständigem Rühren in 5–6 Minuten kräftig anbraten. Die Hackfleischmischung in eine Schüssel geben.
Den Spinat putzen und in heißem Wasser 1–2 Minuten blanchieren, dann auf einer Arbeitsfläche grob zerhacken.
In der Pfanne die Butter schmelzen lassen, den Spinat zugeben und mit dem Salz, Pfeffer, dem Oregano und dem Basilikum würzen. Den Spinat bei starker Hitze unter ständigem Rühren 4–5 Minuten erhitzen und zu der Hackfleischmischung geben. Die Eier und den Käse zufügen, alles gut durchmischen. Die Teighüllen mit der Hackfleischmasse füllen.
Für die Béchamelsauce die Butter in einer Kasserolle schmelzen lassen, das Mehl zugeben und glattrühren. Dann die Milch zugießen, das Salz und etwas Pfeffer zufügen. Die Sauce mit dem Schneebesen kräftig rühren, bis sie aufkocht. Die Hitze etwas reduzieren und die Sauce unter ständigem Rühren 2–3 Minuten weiterkochen, bis sie dickflüssig ist.
Für die Tomatensauce das Olivenöl in einer großen Kasserolle erhitzen, die Zwiebel und den Knoblauch darin glasig dünsten. Die Tomaten zerkleinern und mit der Flüssigkeit zu der Zwiebelmischung geben. Mit dem Zucker, dem Salz und dem gewaschenen, grobgehackten Basilikum würzen. Die Sauce einmal kräftig aufkochen lassen, dann bei schwacher Hitze 30–40 Minuten weiterkochen.
Den Backofen auf 200° vorheizen.
In eine große Auflaufform die Hälfte der Tomatensauce gießen, eine Schicht Cannelloni einlegen und die Hälfte der Béchamelsauce darübergießen. Die zweite Cannellonischicht darauflegen und mit der restlichen Tomatensauce und Béchamelsauce übergießen. Zuletzt mit dem Parmesan bestreuen und mit Butterflöckchen belegen.
Die Cannelloni im Backofen auf der mittleren Schiene etwa 20 Minuten backen, bis der Käse zerläuft und braun wird.

CAT. A
CLASSE 2
0,750 LITRI

Cannelloni mit Pilzen

Cannelloni con funghi

Zutaten für 4–6 Portionen:
Für den Teig:
300 g Mehl
3 Eier
1 Teel. Salz
3 Eßl. Olivenöl
Für die Füllung:
1 Zwiebel
1 Möhre
1 Stange Bleichsellerie
(etwa 150 g)
4 Eßl. Öl
250 g Champignons
300 g Rinderhackfleisch
200 g gekochter Schinken
1 Teel. Salz
¼ Teel. schwarzer Pfeffer,
frisch gemahlen
1 Eßl. gehackte Petersilie
1 Teel. gehackter Majoran
¼ l Fleischbrühe
1 Ei
Butter zum Ausstreichen
der Form
⅛ l saure Sahne
100 g Asiago (→Seite 92)
oder Tilsiter, frisch gerieben
60 g Butter

Zubereitungszeit: 1 Stunde und 30 Minuten

Aus dem Mehl, den Eiern, dem Salz und dem Öl wie auf Seite 41 beschrieben einen Nudelteig herstellen und diesen in Folie gewikkelt mindestens 60 Minuten im Kühlschrank ruhen lassen.
Den Nudelteig dünn ausrollen und zu Quadraten von 9 × 9 cm Größe schneiden. Nach kurzer Trockenzeit etwa 5 Minuten in viel sprudelnd kochendem Salzwasser garen und abtropfen lassen.
Für die Füllung das Gemüse putzen, schälen oder schaben und kleinwürfeln.
2 Eßlöffel Öl in einer Pfanne erhitzen. Die Zwiebel-, Karotten- und Selleriewürfel darin weich dünsten. Die Champignons putzen, in Scheiben schneiden, zu dem Gemüse geben und etwa 2–3 Minuten dünsten.
In einer zweiten Pfanne das restliche Öl erhitzen und das Hackfleisch bei starker Hitze in kleinen Portionen ganz kurz darin anbraten. Zu dem gedünsteten Gemüse geben.
Den Schinken feinhacken und ebenfalls zum Gemüse geben. Mit dem Salz, dem Pfeffer und den Kräutern würzen. Alles gut durchrühren und mit der Fleischbrühe aufgießen. Die Hackfleischmasse bei schwacher Hitze etwa 30 Minuten schmoren.
Dann die Hackfleischmischung vom Herd nehmen, nach einigen Minuten das Ei unterrühren und erkalten lassen.
Eine Auflaufform mit Butter ausstreichen. Den Backofen auf 220° vorheizen.
Die gekochten Teigquadrate mit der kalten Hackfleischmasse füllen, aufrollen und in die Form schichten. Die Cannelloni dann mit der sauren Sahne übergießen, mit dem geriebenen Käse bestreuen und mit der Butter in Flöckchen belegen.
Die Cannelloni im Backofen auf der mittleren Schiene in 15–20 Minuten goldbraun überbacken.

Makkaroniauflauf

Maccheroni con le melanzane

Dieses Gericht wird vornehmlich im Süden Italiens zubereitet, allerdings mit sehr wechselnden Zutaten, immer aber mit Auberginen und Makkaroni.

Zutaten für 4 Portionen:
1 kg Auberginen
⅛ l Olivenöl
½ Teel. Salz
weißer Pfeffer, frisch gemahlen
1 Knoblauchzehe
2 Eßl. Öl
1 kleine Dose enthäutete
Tomaten (500 g)
200 g gekochter Schinken
100 g Pecorino (→Seite 92)
200 g gekochtes Hühnerfleisch
150 g ausgehülste frische Erbsen
300 g Makkaroni
½ Teel. Salz
2 Eßl. gehackte Petersilie
1 Eßl. gehacktes Basilikum
Zum Bestreuen:
50 g Pecorino,
frisch gemahlen

Zubereitungszeit: 30 Minuten
Backzeit: 20–25 Minuten

Die Auberginen waschen, von den Stielansätzen befreien und in etwa ½ cm dicke Scheiben schneiden. Dann in eine genügend große Schüssel legen und mit dem Olivenöl übergießen. Das Salz und Pfeffer darüberstreuen. Die Knoblauchzehe schälen und durch die Knoblauchpresse drücken. Die Auberginen zugedeckt etwa 30 Minuten durchziehen lassen.
In einer Kasserolle das Öl erhitzen. Die Tomaten gut abtropfen lassen und dazugeben. Etwa 15 Minuten einkochen lassen.
Den Schinken, den Käse und das Hühnerfleisch würfeln und mit den Erbsen unter die Tomaten mischen. Den Topf vom Herd nehmen.
Die Makkaroni in viel Salzwasser etwa 10 Minuten kochen, dann abseihen und mit kaltem Wasser abbrausen.
Die Nudeln in eine große Schüssel geben und mit der Tomaten-Fleisch-Mischung übergießen. Mit dem Salz, der Petersilie und dem Basilikum würzen und alles gut mischen.
Den Backofen auf 200° vorheizen.
Den Boden und den Rand einer Auflaufform mit den marinierten Auberginenscheiben auslegen. Die Makkaronimischung hineinfüllen und festdrücken. Die Oberfläche mit den restlichen Auberginenscheiben abdecken und mit dem geriebenen Pecorino bestreuen. Den Auflauf im Backofen auf der mittleren Schiene 20–25 Minuten backen.

Variante: Makkaroniauflauf mit Hackfleisch

Er wird nach dem nebenstehendem Rezept »Makkaroniauflauf mit Auberginen« zubereitet, jedoch ersetzt man den gekochten Schinken und das gekochte Hühnerfleisch durch 400 g gemischtes Hackfleisch. Das Öl in einer Pfanne erhitzen und das Hackfleisch darin bei starker Hitze unter ständigem Rühren, damit es nicht klumpt, etwa 5 Minuten schön braun anbraten. Dann die Tomaten aus der Dose zugeben und etwa 15 Minuten sprudelnd mitkochen lassen. Dann den Käse dazugeben und den Auflauf wie nebenstehend angegeben weiter zubereiten.

RE
Riserva

Ravioli mit Lammfleischfüllung

Ravioli ripieni di agnello

Zutaten für 4 Portionen:
Für den Teig:
300 g Mehl
1 Teel. Salz
3 Eier
2 Eßl. Olivenöl
Für die Füllung:
300 g mageres Lammfleisch
3 Eßl. Olivenöl
½ Knoblauchzehe
1 Zwiebel
⅛ l Fleischbrühe
½ Teel. Salz
schwarzer Pfeffer,
frisch gemahlen
1 Prise Muskatnuß,
frisch gerieben
4–6 gehackte, frische
Salbeiblätter
je ½ Teel. gehackter Rosmarin
und Thymian
1 Eßl. gehackte Petersilie
Mehl zum Ausrollen
1 Eiweiß zum Bestreichen
Salzwasser
80 g Butter
80 g Parmesan, frisch gerieben

Zubereitungszeit: 2 Stunden

Aus den Zutaten für den Teig einen Nudelteig wie auf Seite 41 beschrieben herstellen und diesen in Folie gewickelt 60 Minuten im Kühlschrank ruhen lassen.
Für die Füllung das Lammfleisch eventuell von Sehnen befreien und durch die feinste Scheibe des Fleischwolfs drehen.
Das Öl in einer Pfanne erhitzen, die Knoblauchzehe schälen und durch die Knoblauchpresse dazudrücken. Die Zwiebel schälen, feinhacken und ebenfalls im Öl andünsten. Dann das Lammfleisch zugeben und bei starker Hitze unter ständigem Wenden anbraten. Mit der Fleischbrühe aufgießen und mit dem Salz, Pfeffer, dem Muskat, dem Salbei, dem Rosmarin, dem Thymian und der Petersilie würzen. Die Lammfleischmischung bei mittlerer Hitze etwa 20 Minuten schmoren lassen. Wenn nötig noch etwas Fleischbrühe angießen.
Die Fleischfüllung dann erkalten lassen.
Den Nudelteig in 4 gleiche Teile schneiden. 2 Teile zu 2 Quadraten von 32 × 32 cm auf einer bemehlten Arbeitsfläche ausrollen. Die übrigen Teigstücke bis zur Weiterverarbeitung wieder im Kühlschrank aufbewahren.
Als Markierung mit dem Messerrücken auf jede Teigplatte Quadrate von 4 × 4 cm eindrücken. Die Füllung in Häufchen in die Mitte dieser kleinen Quadrate setzen und die Zwischenräume mit verquirltem Eiweiß ausstreichen. Dann die zweite Teigplatte darübersetzen und mit einer Holzleiste oder einem Lineal die Zwischenräume kräftig andrücken. Sollten sich Luftblasen bilden, diese mit einer Nadel aufstechen.
Mit einem Teigrädchen Quadrate von 4 × 4 cm ausschneiden. Die Ravioli dann in sprudelnd kochendem Salzwasser etwa 12 bis 15 Minuten kochen.
Mit den restlichen Teigstücken ebenso verfahren.
Die Butter in einem Topf schmelzen und die abgetropften Ravioli darin schwenken. Mit dem geriebenen Parmesan servieren und dazu einen frischen Salat reichen.

Variante: Ravioli mit Ricotta und Wildkräutern

300 g Ricotta oder gut abgetropfter trockener Quark (Schichtkäse) wird mit Salz und Pfeffer gewürzt, mit 1 Ei verrührt und dann mit vielen Wildkräutern vermischt. Die Auswahl soll Ihnen selbst überlassen bleiben.
Diese Ravioli werden ebenfalls in frischer Butter geschwenkt und mit geriebenem Parmesan oder Grana padano (→Seite 92) bestreut.

Tortellini mit Fleischfüllung

Tortellini con maiale

Zutaten für 4 Portionen:
Für den Teig:
300 g Mehl · 1 Teel. Salz
3 Eier · 2 Eßl. Öl
Für die Füllung:
200 g mageres Schweinefleisch
250 g Spinat
200 g Quark oder Ricotta
100 g Parmesan, frisch gerieben
1 Ei · ½ Teel. Salz
schwarzer Pfeffer, frisch gemahlen
1 Messerspitze Muskatnuß, frisch gerieben
½ zerdrückte Knoblauchzehe
1 Eiweiß zum Bestreichen

Zubereitungszeit: 2 Stunden
Ruhezeit: 2–3 Stunden

Für den Teig das Mehl auf die Arbeitsfläche sieben, in die Mitte eine Vertiefung drücken und das Salz, die Eier und das Öl hineingeben. Einen zähen, gut knetbaren Nudelteig herstellen. Mit Folie zugedeckt mindestens 60 Minuten ruhen lassen.
Für die Füllung das Schweinefleisch zweimal durch den Fleischwolf drehen. Den Spinat verlesen, kurz in Salzwasser blanchieren und feinhacken. Mit dem Schweinefleisch, dem Quark oder Ricotta und dem geriebenen Parmesan, sowie dem Ei, dem Salz, Pfeffer, dem Muskat und dem Knoblauch zu einer glatten Masse verrühren.
Den Nudelteig so dünn wie möglich ausrollen, etwas entspannen lassen und dann in 5–6 cm große Quadrate schneiden. Jedes Quadrat mit ½ Teelöffel Farce füllen, zu einem Dreieck zusammenlegen und die Kanten fest zusammendrücken. Damit der Teig besser zusammenklebt, kann man die Ränder mit etwas Eiweiß bestreichen. Die Dreiecke über die Fingerspitze rollen und zu Ringen zusammendrücken. Dann auf ein Backbrett legen und 1–2 Stunden abtrocknen lassen.
Die Tortellini in siedendem Salzwasser 12 Minuten kochen lassen. Dann in einem Sieb abtropfen lassen und mit frisch zubereiteter Tomatensauce (Rezept Seite 64) und frisch geriebenem Parmesan servieren.

Tortellini mit Käsefüllung

Tortellini ripieni di formaggio

Diese Tortellini-Variante wird vor allem in der Emilia Romagna zubereitet und bekommt ihren aparten Geschmack von der Mischung aus Ricotta und Knoblauch.

Zutaten für 4 Portionen:
Für die Füllung:
250 g Ricotta oder Quark
50 g Parmesan, frisch gerieben
1 zerdrückte Knoblauchzehe
½ Eßl. gehacktes frisches Basilikum
1 Ei
½ Teel. Salz
weißer Pfeffer, frisch gemahlen

Zubereitungszeit: 2 Stunden
Ruhezeit: 2–3 Stunden

Die Tortellini werden mit dem gleichen Teig und nach derselben Methode wie im nebenstehenden Rezept zubereitet.
Für die Füllung wird der Ricotta mit einer Gabel fein zerdrückt und mit sämtlichen übrigen Zutaten zu einer glatten Masse verrührt.
Nach dem Kochen werden die Tortellini nur mit flüssiger hellbrauner Butter übergossen oder mit in Butter gerösteten Semmelbröseln bestreut.

Gefüllte Teigtäschchen

Tortelloni di magro

Zutaten für 4–6 Portionen:
Für den Teig:
300 g Mehl · 1 Teel. Salz
3 Eier
2 Eßl. Olivenöl
Für die Füllung:
750 g Mangold oder
500 g junger Spinat
50 g Speck · 50 g Butter
1 Teel. Salz
200 g trockener Quark
oder Ricotta
1 Ei
etwas schwarzer Pfeffer,
frisch gemahlen
Muskatnuß, frisch gerieben
150 g Parmesan, frisch gerieben
1 Eiweiß zum Bestreichen
150 g Butter zum Übergießen
Parmesan zum Bestreuen

Zubereitungszeit: 2 Stunden und 30 Minuten
Ruhezeit: mindestens 60 Minuten

Das Mehl auf eine Arbeitsfläche sieben, in die Mitte eine Vertiefung drücken und das Salz, die Eier und das Olivenöl hineingeben. Einen zähen, gut knetbaren Nudelteig herstellen und diesen mit Folie zugedeckt mindestens 60 Minuten ruhen lassen.
Den Mangold oder den Spinat waschen, von den groben Stielen befreien und in reichlich Salzwasser 5–8 Minuten kochen. Den Spinat nur kurz dünsten. Abseihen, gut ausdrücken und feinhakken.
Den Speck ganz fein würfeln und in der Pfanne kurz ausbraten. Die Butter zugeben, bräunen lassen und den Mangold oder Spinat darin schwenken. In eine Schüssel geben, das Salz und den zerdrückten Quark hinzufügen, dann das Ei, die Gewürze und den Parmesan. Gut mischen. Die Füllung beiseite stellen.
Nun den Teig sehr dünn ausrollen und in Quadrate von 5–6 cm schneiden. Die Füllung mit einem Teelöffel daraufsetzen und dabei darauf achten, daß die Ränder der Teigquadrate absolut sauber bleiben.
Damit sie besonders gut zusammenhalten, die Ränder mit verquirltem Eiweiß bestreichen. Dann die Quadrate zu Dreiecken falten, die Spitzen aber nicht exakt übereinanderlegen, damit zwei Spitzen entstehen. Die Ränder sorgfältig zusammendrücken, damit beim Kochen keine Füllung austreten kann. Die beiden äußeren Spitzen des Dreiecks ebenfalls mit etwas Eiweiß bestreichen und fest zusammendrücken.
Die Tortelloni in reichlich Salzwasser 15–20 Minuten kochen, dann abtropfen lassen.
Die Butter bräunen und die Tortelloni damit begießen, mit geriebenem Parmesan bestreuen.

Variante: Teigtäschchen mit scharfer Füllung

Die Zutaten für den Teig und die Zubereitung entsprechen dem nebenstehenden Rezept.

Zutaten für 4 Portionen:
Für die Füllung:
300 g Quark oder Ricotta
2 Eier · ½ Teel. Salz
weißer Pfeffer, frisch gemahlen
1 Teel. scharfes Paprikapulver
150 g feinkörnige Salami
1 rote Paprikaschote
½ Zwiebel
1 Knoblauchzehe

Zubereitungszeit: 2 Stunden
Ruhezeit: mindestens 60 Minuten

Den Quark oder den Ricotta mit einer Gabel zerdrücken und mit den Eiern, dem Salz, Pfeffer und dem Paprikapulver gut verrühren. Dann die Salami und die geputzte Paprikaschote feinhacken und zufügen. Die Zwiebel feinhacken und ebenfalls in die Quarkmasse rühren. Die Knoblauchzehe schälen, zerdrückt dazugeben.
Die weitere Zubereitung ist wiederum die gleiche wie beim vorangegangenen Rezept. Serviert werden diese Tortellonis ebenso mit gebräunter Butter und viel geriebenem Parmesan.

Nudelsalat

Insalata di pasta

Ein Nudelsalat – das ist eine richtige Sommermahlzeit, ein Gericht zum Sattessen und trotzdem leicht und erfrischend. Bei der Zusammenstellung sollten Sie Ihrer Fantasie durchaus einmal freien Lauf lassen und die Zutaten nach eigenem Gusto auswählen. Für Nudelsalat sollte man voluminöse Sorten auswählen, wie zum Beispiel geschnittene Makkaroni, Penne, Hörnchen, Rigatoni oder ähnliche.

Zutaten für 4 Portionen:
300 g Nudeln (Tortiglioni)
Salzwasser
6 Eßl. feinstes Olivenöl (oder Pflanzenöl)
4 Eßl. guter Weinessig
Saft von ½ Zitrone
3 Eßl. Weißwein
1 Knoblauchzehe
½ Teel. Salz
¼ Teel. weißer Pfeffer, frisch gemahlen
2 Eßl. gehackte Salatkräuter
½ Zwiebel
4 kleine Frühlingszwiebeln
150 g Möhren
1 Paprikaschote (150 g)
200 g frische oder tiefgefrorene junge Erbsen
250 g Mortadella

Zubereitungszeit: 45 Minuten
Ruhezeit: 30 Minuten

Die Nudeln je nach verwendeter Sorte 8–12 Minuten in reichlich Salzwasser »al dente« kochen.
Das Öl mit dem Essig, dem Zitronensaft und dem Weißwein in einer großen Salatschüssel verrühren. Die Knoblauchzehe zerdrükken und mit dem Salz, dem Pfeffer und den Kräutern unterrühren. Die Zwiebel schälen, feinhacken und untermischen.
Die Frühlingszwiebeln in kleine Stücke schneiden, die Karotten schaben, in Salzwasser kurz dünsten und in Scheibchen schneiden. Die Paprikaschote halbieren, von den Kernen und weißen Rippen befreien und in Streifen schneiden. Das vorbereitete Gemüse mit den Erbsen in die Sauce geben. Die Mortadella in kleine Würfel schneiden und ebenfalls zufügen, alles durchrühren. Dann die gekochten, mit kaltem Wasser abgeschreckten Nudeln darunterheben. Den Salat vor dem Servieren 30 Minuten im Kühlschrank durchziehen lassen.

Variante: Nudelsalat mit Käse

Zutaten für 4 Portionen:
300 g Nudeln (Penne, Rigatoni oder Hörnchen)
Salzwasser
2 Eßl. Olivenöl
Saft von 1 Zitrone
2 Eßl. Crème fraîche
½ Teel. Salz
¼ Teel. weißer Pfeffer, frisch gemahlen
1 Eßl. gehackter Schnittlauch
1 Eßl. gehackte Petersilie
2 Zwiebeln
150 g Salami
250 g Asiago (→Seite 92) oder Tilsiter
1 Paprikaschote

Zubereitungszeit: 45 Minuten
Ruhezeit: 30 Minuten

Die Nudeln in reichlich Salzwasser »al dente« kochen und anschließend mit kaltem Wasser überbrausen. Das Olivenöl mit dem Zitronensaft und der Crème fraîche verrühren. Das Salz, den Pfeffer und die gehackten Kräuter unterrühren.
Die Zwiebeln schälen und in Würfel schneiden. Die Salami ebenfalls feinwürfeln. Von dem Asiago die Rinde entfernen und den Käse in feine Streifen schneiden. Die Paprikaschote putzen und feinwürfeln. Die vorbereiteten Zutaten in die Salatsauce geben, unterrühren und, wenn nötig, noch nachwürzen.
Den Salat nach Möglichkeit 30 Minuten ziehen lassen, bevor er serviert wird.

Nudelsalat mit Tomaten

Insalata di penne e pomodori

Zutaten für 4–6 Portionen:
300 g Nudeln (Penne rigate)
300 g Tomaten
4 Eßl. Öl
2 Eßl. feinster Essig (aceto balsamico)
2 Eßl. Weißwein
1 Bund Frühlingszwiebeln
2 Eßl. gehackte gemischte Salatkräuter
½ Teel. Salz
weißer Pfeffer, frisch gemahlen
¼ Teel. Zucker
½ Teel. scharfer Senf
½ Knoblauchzehe
½ Zwiebel

Zubereitungszeit: 45 Minuten
Ruhezeit: 30 Minuten

Die Nudeln in reichlich Salzwasser »al dente« kochen. Das dauert bei dieser Sorte etwa 10–12 Minuten. In einen Durchschlag geben, kurz mit kaltem Wasser abbrausen und abkühlen lassen.
Die Tomaten in nicht zu dicke Spalten schneiden, dabei die Stielansätze entfernen.
In einer genügend großen Schüssel das Öl mit dem Essig und dem Weißwein vermischen. Die Frühlingszwiebeln kleinschneiden und mit den Salatkräutern, dem Salz, Pfeffer, dem Zucker und dem Senf zu der Essig-Öl-Mischung geben. Dann die Knoblauchzehe schälen, fein zerdrücken, die geschälte Zwiebel feinhacken und alles zusammen mit der Salatsauce verrühren.
Die Nudeln und die Tomaten zugeben, alles gut vermengen und vor dem Servieren mindestens 30 Minuten kühl stellen und ziehen lassen.

Salat aus Thunfisch und Nudeln

Conchiglie in insalata col tonno

Zutaten für 4 Portionen:
300 g Nudeln (Conchiglie)
2 mittelgroße Zwiebeln oder 125 g Schalotten
⅛ l kochendheiße Fleischbrühe
4 Artischockenherzen (aus dem Glas)
200 g Thunfisch in Öl, aus der Dose
Saft von 1 Zitrone
2 Eßl. Olivenöl
½ Teel. Salz
weißer Pfeffer, frisch gemahlen

Zubereitungszeit: 45 Minuten
Ruhezeit: 60 Minuten

Die Nudeln in reichlich Salzwasser in 10–12 Minuten »al dente« kochen. In einen Durchschlag geben und kalt abbrausen.
Die Zwiebeln oder Schalotten schälen und ganz fein hacken. In eine große Schüssel geben und mit der Fleischbrühe übergießen.
Die gekochten Artischockenherzen feinwürfeln und zugeben.
Den Thunfisch gut abtropfen lassen, in Stücke teilen und zugeben. Mit dem Zitronensaft, dem Olivenöl, dem Salz und Pfeffer würzen. Alles gut vermengen, die Nudeln daruntermischen und zugedeckt an einem kühlen Ort 60 Minuten durchziehen lassen.

Spinatgnocchi

Gnocchi di spinaci

Gnocchi gehören sicherlich zu den Teigwaren, also zu den Pastas, aber sie sind von den Nudeln weit entfernt. Es sind eher Klößchen, aber nicht Knödel, die man als Beilage ißt, sondern schon fein genug, um als selbständiges Essen zu bestehen, zumindest als Vorspeise.

Zutaten für 4 Portionen:
700 g Spinat
Salzwasser
30 g Butter
200 g Ricotta
oder trockener Quark
40 g Parmesan, frisch gerieben
½ Teel. Salz
schwarzer Pfeffer,
frisch gemahlen
1 Prise Muskatnuß,
frisch gemahlen
2 Eier · 100 g Mehl
Salzwasser
70 g Butter
60 g Parmesan, frisch gerieben

Zubereitungszeit: 1 Stunde und 15 Minuten
Ruhezeit: 60 Minuten

Den Spinat verlesen, von den Stielen befreien und waschen. Das Salzwasser zum Kochen bringen und den Spinat darin nur zusammenfallen lassen, dann abseihen und grobhacken. In einer großen Kasserolle die Butter zerlaufen lassen, den Spinat zugeben und bei Mittelhitze dämpfen, bis er weich ist und die Flüssigkeit eingekocht. Anschließend den zerdrückten Ricotta oder Quark, den Parmesan und die Gewürze zugeben, dann die Eier und das Mehl. Alles gut durcharbeiten und etwa 60 Minuten zugedeckt kühl stellen.
Viel Salzwasser zum Kochen bringen und mit einem Teelöffel von der Spinatmasse kleine Klößchen abstechen, in das kochende Salzwasser geben und die Gnocchi etwa 7 Minuten darin ziehen – nicht kochen – lassen, bis sie sich fest anfühlen. Mit dem Schaumlöffel herausnehmen, gut abtropfen lassen und warm stellen. Die Hälfte der Butter in eine Auflaufform geben und zerlaufen lassen. Die Gnocchi hineingeben, mit dem geriebenen Käse bestreuen und mit der restlichen Butter in Flöckchen belegen. Im Backofen bei starker Oberhitze überbacken, bis der Käse schmilzt.

Kartoffelgnocchi

Gnocchi di patate

Zutaten für 4 Portionen:
800 g gekochte Kartoffeln
(vom Vortag)
300 g Mehl
200 g Parmesan, frisch gerieben
1 Eigelb
1 Teel. Salz
etwas weißer Pfeffer,
frisch gemahlen
70 g Butter
1 zerdrückte Knoblauchzehe
2 Eßl. gehackte Petersilie
je ½ Teel. gehackter Rosmarin,
Minze, Thymian und Oregano
100 g Parmesan, frisch gerieben

Zubereitungszeit: 45 Minuten
Ruhezeit: 60 Minuten

Die am Vortag gekochten Kartoffeln abziehen und durch eine Kartoffelpresse drücken. Die Masse auf eine Arbeitsfläche verteilen, das Mehl, den Parmesan, das Eigelb, das Salz und Pfeffer daraufgeben. Daraus einen weichen, aber formbaren Teig kneten und etwa 60 Minuten an einem kühlen Ort ruhen lassen.
Zuerst in Salzwasser ein »Probegnocchi« kochen. Sollte der Teig zu weich sein, etwas Mehl oder Grieß zusetzen. Eine daumendikke Teigrolle formen und davon etwa 3 cm lange Stücke abschneiden, diese rundlich formen und jeweils mit einer Gabel längs eindrücken. Die Gnocchi etwa 7 Minuten in kochendheißem Salzwasser ziehen lassen und heiß auf Tellern anrichten.
Die Butter zerlaufen lassen, den Knoblauch und die Kräuter zufügen und über die Gnocchi verteilen. Geriebenen Parmesan dazu servieren.

Gnocchi aus Maisbrei

Gnocchi di polenta

Zutaten für 4 Portionen:
½ l Wasser
1–1½ Teel. Salz
150 g Maisgrieß
mittlerer Körnung
Für die Kräuterbutter:
80 g Butter
1 Eßl. gehackte Petersilie
2 Salbeiblätter
etwas Rosmarin, Oregano
und Zitronenmelisse

Zubereitungszeit: 50 Minuten

In einem großen Topf das Wasser mit dem Salz aufkochen und den Maisgrieß unter ständigem Rühren mit dem Schneebesen langsam einrieseln lassen. Mit einem Holzspatel wird bei sehr schwacher Hitze die Masse gerührt, damit der Grieß gut ausquellen kann und ein fester Brei entsteht. Dabei muß man darauf achten, daß er nicht anbrennt, sondern am Topfboden sich nur ein dünner, heller Belag bildet. Den Maisbrei dann auf eine nasse Holz- oder Steinplatte geben und mit einem großen Messer zu einer 1 cm starken Platte glattstreichen und abkühlen lassen. Die Butter schmelzen und mit den Kräutern mischen.
Den Backofen auf 220° vorheizen.
Je nach Wunsch die Polentamasse in Streifen schneiden oder Formen ausstechen. Die Gnocchi dann in eine Auflaufform schichten und mit der Kräuterbutter übergießen. Zusätzlich kann noch geriebener Fontina (→Seite 92) über das Gericht gestreut werden. Die Gnocchi im Backofen auf der mittleren Schiene überbacken, bis der Käse schmilzt.

Gnocchi nach römischer Art

Gnocchi alla romana

Zutaten für 4 Portionen:
½ l Milch
½ Teel. Salz
Muskatnuß, frisch gerieben
150 g Grieß
3 Eier
80 g Grana padano (→Seite 92),
frisch gerieben
100 g zerlassene Butter

Zubereitungszeit: 50 Minuten ohne Ruhezeit

Die Milch mit dem Salz und etwas Muskatnuß aufkochen. Den Grieß auf einmal zugeben und unter ständigem Rühren mit dem Schneebesen etwa 20 Minuten bei mittlerer Hitze kochen lassen. Der Grieß muß gut ausquellen. Den Brei vom Herd nehmen und etwas abkühlen lassen.
Die Eier verquirlen und unter den Grieß rühren.
Ein Backblech oder eine Platte kalt abspülen und den warmen Brei mit einem Spatel etwa ½ cm dick darauf streichen, ganz abkühlen und am besten im Kühlschrank fest werden lassen. Mit einem runden Ausstecher etwa 4 cm große Plätzchen (Gnocchi) aus dem kalten Brei ausstechen. Den Backofen auf 220° vorheizen.
Eine feuerfeste Form mit Butter austreichen und die Gnocchi dachziegelartig einschichten. Jede Schicht mit dem geriebenen Käse und etwas flüssiger Butter begießen. Die letzte Schicht besteht aus Käse und Butter.
Die Form auf die mittlere Schiene des Backofens schieben und die Gnocchi goldgelb überbacken.

Variante: Gnocchi mit Bologneser Sauce

Die Polentagnocchi können auch mit der Sauce bolognese von Seite 55 in eine Auflaufform gefüllt und mit viel geriebenem Parmesan bestreut im Backofen bei 220° überbacken werden, bis der Käse schmilzt.

Wichtige Käsesorten

Käse ist sozusagen eine Grundzutat für Pizzen und für die meisten Pasta. Vor allem die harten Sorten sind es, die als Gewürz verwendet werden, aber auch eine ganze Reihe von Weichkäsesorten, allen voran der Mozzarella, diese Käsespezialität aus Büffelmilch.

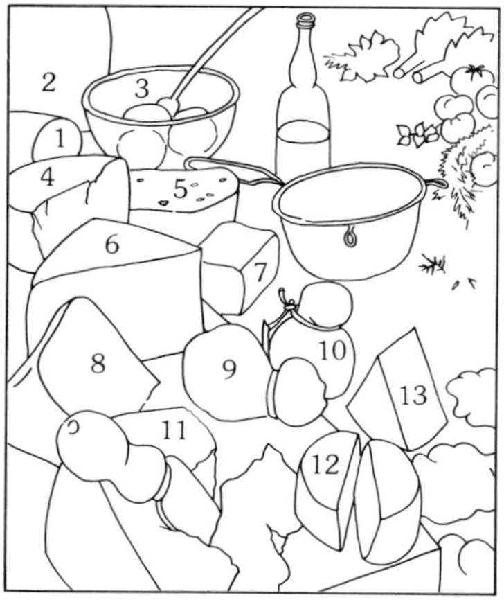

1 Provolone
Besonders der gut abgelagerte 4–6 Monate alte Käse schmeckt sehr würzig und taugt gut zum Reiben. Produziert wird er in verschiedenen Formen. Meist als Rolle oder in Birnenform geknetet. Gibt's auch geräuchert.

2 Grana padano
Der unentbehrliche Pasta-Käse. Ist in Form, Farbe und Geschmack eng mit dem Parmesan verwandt, wird allerdings in ganz Norditalien produziert. Dieser Hartkäse ist als »vecchio« (ausgereift) ideal zum Reiben und kann überhaupt wie Parmesan verwendet werden.

3 Mozzarella
Der Originale darf sich »di Bufala« nennen, weil er aus Büffelmilch zubereitet wird. Er ist untrennbar mit der Pizza verbunden, wird aber auch für viele Pastagerichte verwendet.

4 Fiore sardo
Ein pikanter Käse aus Schafmilch, gut zum Reiben, für viele Pasta geeignet.

5 Asiago
Gut gereift ist dieser halbfeste Schnittkäse auch eine pikante Zutat für Pastas und ein idealer Belag für Pizzas.

6 Fontina
Vollfetter Schnittkäse aus Piemont. Er ist besonders mild und wird relativ jung verwendet.

7 Taleggio
Vollfetter Weichkäse in viereckiger Form, mit einem unverwechselbarem, würzigen Aroma. Er gibt Nudelgerichten einen besonders pikanten Geschmack.

8 Gorgonzola
Edelpilzkäse aus Kuhmilch. Sein ganz typischer, scharfer, unverwechselbarer Geschmack und seine cremige Konsistenz machen ihn zu einer idealen Zutat für pikante Pasta.

9 und 10 Caciocavallo
Ein vollfetter Hartkäse in Birnen- oder Beutelform, der auch geräuchert angeboten wird. Junger Caciocavallo (bis 6 Monate alt) ist ein guter Pizzabelag.

11 Parmigiano reggiano
Der bekannteste italienische Hartkäse ist der Parmesan. Der ideale Reibkäse für italienische Pasta und Risotti aus der Emilia-Romagna. Nur was um die Stadt Parma hergestellt wird, darf sich »Parmigiano« nennen. Nach 2 Jahren Lagerzeit hat er seinen feinen würzigen, etwas nußartigen Geschmack entwickelt und wird als Reibkäse verwendet oder in kleinen Bröckchen zum Wein geknabbert.

12 Robiola
Er ist ein vollfetter Frischkäse, der meist aus einer Mischung von Kuh/Schaf- und Ziegenmilch hergestellt wird. Er schmeckt ganz besonders würzig und zugleich mild.

13 Italico
Er ist ein Verwandter des Robiola, durchgereift und oft mit Schimmelrinde. Würzig und pikant.

14 Pecorino
Er ist nicht abgebildet, aber ein wichtiger Käse aus Schafmilch für Nudelgerichte. Je nach Herkunft und Alter ist er mild bis pikant.

OSELLA FONTAL

Rezept- und Sachregister

Rezept- und Sachregister

Farbfotos auf dem Einband:
Vorderseite: Pizza mit Tomaten und Artischockenherzen (Rezept Seite 22).
Rückseite: oben, von links nach rechts: Safrannudeln mit Fenchel (Rezept Seite 62), Grüne Lasagne nach Bologneser Art (Rezept Seite 70), Provenzalische Pizza (Rezpt Seite 16).
Unten, von links nach rechts: Spinatgnocchi (Rezept Seite 88), Spaghetti mit geröstetem Brot (Rezept Seite 28), Gefüllte Teigtäschchen (Rezept Seite 82).

CIP-Kurztitelaufnahme der Deutschen Bibliothek

Teubner, Christian:
Pizza- und Pasta-Variationen: ein besonderes Bildkochbuch mit reizvollen Rezepten / Christian Teubner. – 6. Aufl. – München: Gräfe und Unzer, 1988.
(So schmeckt's noch besser)

ISBN 3-7742-5215-7

6. Auflage 1988

Farbfotos: Christian Teubner
Redaktion: Nina Andres unter Mitarbeit von Brigitta Stuber
Herstellung: Birgit Rademacker
Einbandgestaltung: Heinz Kraxenberger
Satz und Druck: Appl, Wemding
Reproduktion: Brend'amour, Simhart & Co.
Bindung: Conzella Verlagsbuchbinderei Urban Meister

ISBN 3-7742-5215-7

Christian Teubner
ist seit vielen Jahren vielbeschäftigter gastronomischer Fotograf. In seinem Studio für Lebensmittelfotografie entstehen Meisterwerke kulinarischer Aufnahmen, und aus seiner Probeküche kommen verlockende Kreationen von neuen Rezepten. Christian Teubners Arbeiten sind in ganz Europa ein Begriff, denn wo es um Küche und Keller geht – ob Buch, Plakat, Film oder Zeitschrift – erkennt man seine »Handschrift«.